WISSEN *leicht gemacht*

DAS
DRITTE REICH

Uwe Goppold

Compact Verlag

Chefredaktion: Dr. Angela Sendlinger
Redaktion: Isabel Martins
Produktion: Wolfram Friedrich
Abbildungen: Lidman Productions, Stockholm;
Gruppo Editoriale Fabbri, Mailand
Titelabbildungen: dpa-Picture-Alliance, Frankfurt
im Uhrzeigersinn: Adolf Hitler; brennende Synagoge in der
Reichspogromnacht; Plakat der Olympischen Spiele 1936 Berlin;
Konferenz von Jalta
Gestaltung: Axel Ganguin
Umschlaggestaltung: Hartmut Baier

ISBN-10: 3-8174-5967-X
ISBN-13: 978-3-8174-5967-4
5459671

Besuchen Sie uns im Internet: www.compactverlag.de

Inhalt

Voraussetzungen und Vorgeschichte des Dritten Reiches

Der Ausdruck „Drittes Reich“ entstammt dem frühen Mittelalter und hatte ursprünglich ausschließlich religiöse Bedeutung. 1923 griff der Schriftsteller Arthur Moeller van den Bruck (1876–1925) den Begriff auf und entwickelte in seinem Buch *Das Dritte Reich* eine politische Vision: Die junge deutsche Demokratie, die sogenannte Weimarer Republik, sei – so van den Bruck – nur ein unerfreuliches Zwischenstadium nach dem Zusammenbruch des Deutschen Kaiserreichs. Die Republik werde in Kürze einem glänzenden „Dritten Reich“ weichen müssen, in welchem Deutschland zu alter Geltung, Pracht und Macht kommen werde.

Nationalsozialistische Parade in der Weimarer Republik

Einführung

Tatsächlich waren die Tage der deutschen Demokratie gezählt, tatsächlich sollte sie nur zehn Jahre später etwas anderem weichen müssen, etwas, das von sich selbst behauptete, eben jenes visionäre neue Reich zu sein. Heute steht der Begriff „Drittes Reich“ für eine der düstersten und unmenschlichsten Phasen der Geschichte: die Zeit der nationalsozialistischen Herrschaft. Dieses Dritte Reich, das nach dem Willen seiner Begründer tausend Jahre hätte bestehen sollen, hat nur zwölf Jahre existiert. Aber diese kurze Zeit genügte, um zunächst in Deutschland, dann in ganz Europa Terror und Tod zu verbreiten, die Welt in einen umfassenden Krieg zu stürzen, der rund 60 Millionen Menschen das Leben gekosten hat, und nicht zuletzt, um den Massenmord an sechs Millionen europäischen Juden zu initiieren, zu planen und auszuführen. Hinter all dem stand eine politische Lehre, die mit ihrem irrationalen Nationalismus und Antisemitismus in Deutschland bereits seit den 1920er-Jahren zahlreiche Anhänger fand: der Nationalsozialismus. Wieso aber konnte sich in Deutschland – einem Land, das doch lange Zeit als Land der Dichter und Philosophen gegolten hat – diese mörderische Ideologie durchsetzen? Um dies zu verstehen, müssen sowohl die zwei Jahrzehnte vor der sogenannten nationalsozialistischen Machtergreifung wie auch die nationalsozialistische Ideologie selbst genauer betrachtet werden.

Kaiserreich und Erster Weltkrieg

Kaiser Wilhelm II.

Angesichts der Niederlage im Ersten Weltkrieg und einer schwelenden Revolution erklärte der deutsche Reichskanzler Prinz Max von Baden (1867–1929) am 9. November 1918 eigenmächtig den Thronverzicht Kaiser Wilhelms II. (1859–1941). An diesem Tag war zwar wahrlich nicht klar, welchen Weg Deutschland in den folgenden Jahren gehen sollte, für den letzten deutschen Monarchen jedoch war der Weg zurück auf den Thron ausgeschlossen. Bereits am Tag nach der Erklärung des Reichskanzlers begab sich Wilhelm ins holländische Exil – der Untergang des 1871 gegründeten Deutschen Kaiserreichs und der Epoche des Wilhelminismus war damit besiegelt. Unmittelbar danach wurden in Berlin zwei verschiedene Republiken – die bürgerlich-demokratische Deutsche Republik und die Freie Sozialistische Republik Deutschland – ausgerufen, was zu bürgerkriegsähnlichen Zuständen in der Hauptstadt des Deutschen Reichs führte. Etwa zur selben Zeit akzeptierte die Oberste Heeresleitung (OHL) einen Waffenstillstandsvertrag zu den Bedingungen der alliierten Siegermächte.

Dies bedeutete das Ende des an zahlreichen Fronten wütenden Ersten Weltkriegs. Auf dem europäischen Kontinent hatte sich dieser Krieg sehr bald nach seinem Ausbruch im Jahre 1914 zu einem Stellungskrieg entwickelt: Die feindlichen Truppen waren sich in Schützengräben gegenübergelegen, und nahezu jeder Angriff endete im Maschinengewehrfeuer

Schützengraben im 1. Weltkrieg

der anderen Seite. Um den Gegner zu überraschen und dadurch einen entscheidenden Vorteil zu erlangen, schreckte man selbst vor Giftgas nicht zurück. Aber alle Versuche, das tödliche Patt zu durchbrechen, waren zum Scheitern verurteilt. Viele der an der Front kämpfenden Soldaten sollten noch Jahre später nachhaltig von ihren Kriegserlebnissen wie auch von der Furcht und dem Hass auf den Feind geprägt sein.

Umstrittenes Kriegsende

Obgleich der Krieg also in höchstem Maße Opfer sowohl materieller Art wie auch an Menschenleben gefordert hatte, wurde der schließlich ausgehandelte Waffenstillstand von der deutschen Zivilbevölkerung nicht eben bejubelt. Er traf sie vielmehr wie ein Schock, hatten doch Politiker und Militärs bis zuletzt verlauten lassen, dass ein deutscher Sieg nur eine Frage der Zeit sei. Die an die Kriegsgegner übermittelte Waffenstillstandsbitte der deutschen Oberbefehlshaber Hindenburg (1847–1934) und Ludendorff (1865–1937) war dagegen gleichbedeutend mit dem offiziellen Eingeständnis der deutschen Niederlage. Um die Verantwortung dafür abzuwälzen, wurde von den führenden Militärs die sogenannte Dolchstoßlegende erfunden. Wider besseren Wissens verbreitete man, dass ein deutscher Sieg unmittelbar bevorgestanden habe, dass dieser aber durch linke Agitation im Deutschen Reich, durch Streiks und Friedensbemühungen schließlich vereitelt worden sei. Diese offensichtliche Lüge sollte auch noch Jahre später politische Konsequenzen haben und sich im Hass der konservativen und nationalistischen Kräfte auf die Sozialdemokraten (die im Übrigen den Krieg jahrelang unterstützt hatten), auf Kommunisten und Gewerkschaftler zeigen.

Vertrag von Versailles

Es war auch noch eine andere historische Unwahrheit, die in den folgenden Jahren Deutschland nachhaltig prägte und das Land belastete. Denn bei den sich an den Waffenstillstand anschließenden Friedensverhandlungen von Versailles erklärten die Kriegssieger, dass ausschließlich Deutschland und seine Verbündeten die Verantwortung für den Ausbruch des Weltkrieges trügen. Dies war

Vertragsabschluss in Versailles

zwar nicht korrekt, hatten doch – außer den USA – faktisch alle kriegsteilnehmenden Nationen ihr Scherflein zum Kriegsausbruch beigetragen. Aber das Beharren auf der Alleinschuld Deutschlands erlaubte es, die Kriegsverlierer mit schier unglaublichen materiellen wie territorialen Forderungen zu konfrontieren. Niedergelegt wurden diese Bestimmungen im sogenannten Versailler Friedensvertrag. Für die Kriegsschäden sollte Deutschland Reparationszahlungen von weit über 100 Millionen Goldmark an die Kriegssieger leisten. Darüber hinaus musste es seine Kolonien aufgeben und rund ein Siebtel des Territoriums an seine Nachbarn, vor allem an Frankreich und Polen, abtreten. Jeder zehnte Deutsche lebte damit nicht mehr auf dem Gebiet des Deutschen Reichs. Und schließlich wurde die Größe der Reichswehr auf 100.000 Mann im Landheer und 15.000 Marinesoldaten beschränkt. Der gesamte Katalog verbitterte die deutsche Bevölkerung über alle Parteigrenzen hinweg, das Vertragswerk trieb in der Folge viele zu den Radikalen am rechten Rand des politischen Spektrums.

? Schon gewusst?

Die Regierungszeit Kaiser Wilhelms II. (1859–1941) wird als Zeitalter des **Wilhelminismus** oder als wilhelminische Zeit bezeichnet. Wie der dritte Monarch des Deutschen Kaiserreichs selbst ist auch die nach ihm benannte Epoche von zahlreichen Widersprüchen, Spannungen und Extremen gekennzeichnet. Das Land ist von technischem Fortschritt und industriellen Höchstleistungen geprägt, aber auch von einer gesellschaftlichen Militarisierung und von imperialen Ansprüchen. Obwohl die Sozialdemokraten 1913 stärkste Partei im Reichstag werden, gilt die Mehrzahl der Bürger als kaisertreu, konservativ, nationalistisch und obrigkeitshörig. Ungeachtet der wichtigen Rolle der deutschen Juden für das kulturelle und ökonomische Leben im Kaiserreich grassiert ein immer stärker wachsender Antisemitismus. Glanz, Romantik, kulturelle wie wirtschaftliche Blüte gehen einher mit Technokratie sowie aggressivem Nationalismus und Militarismus, die nicht zuletzt eine der Ursachen für den Ausbruch des Ersten Weltkriegs waren.

Probleme und Krisen der Weimarer Republik

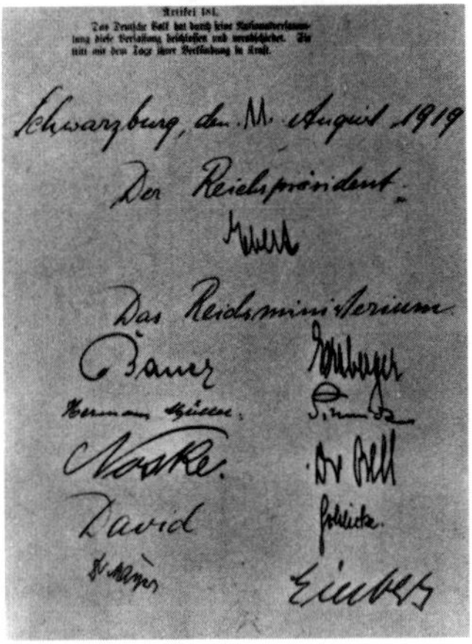
Artikel 181.

Schwarzburg, den 11. August 1919

Der Reichspräsident:

Das Reichsministerium:

Bauer

Noske

David

Weimarer Verfassung

Am 11. August 1919 trat eine neue deutsche Verfassung in Kraft, die man wegen des Ortes, an dem sie verabschiedet wurde, Weimarer Verfassung nennt, der damit neugegründete Staat wird als Weimarer Republik bezeichnet. Doch die erste parlamentarische Demokratie auf deutschem Boden hatte schwere Hypotheken angesichts des verlorenen Krieges und des Versailler Vertrages, aber auch angesichts der mangelnden Bereitschaft der Deutschen, sich mit diesem Staat zu identifizieren, zu tragen. Von ihrer Gründung an wurde die Republik zum Teil auch mit Waffengewalt bedrängt – von Monarchisten, die den Kaiser wieder auf den Thron zu hieven gedachten, von Nationalisten, die die Einschränkungen des Versailler Vertrages nicht akzeptierten, von Konservativen, die die parlamentarische Demokratie grundsätzlich ablehnten, und nicht zuletzt von linken Kräften, die einen sozialistischen Staat nach sowjetischem Vorbild errichten wollten.

Politische Instabilität

Gerade in den Anfangsjahren schien die Republik daher von einer Revolte in die nächste zu geraten. Vor allem hinsichtlich des Parlaments und der Regierung war die Situation alles andere als stabil. Schon um die schwarz-rot-goldene Flagge, die die alte schwarz-weiß-rote Fahne des Kaiserreichs abgelöst hatte, entbrannte ein derart heftiger Streit, dass sich schließlich sogar der Reichskanzler zum Rücktritt gezwungen sah. Überhaupt wurden zahlreiche Regierungen berufen und wieder entlassen. Bis Mitte 1924 hatte der Staat zehn verschiedene Kabinette verschlissen, ein Faktum, das den Zeitgenossen nicht gerade Stärke, Beständigkeit und Verlässlichkeit des jungen Staates vermittelte. Hauptursache für viele der politischen Probleme der Weimarer Republik war vor allem die äußerst angespannte ökonomische Situation Deutschlands. Zunächst belasteten natürlich die Reparationszahlungen, die aufgrund des Versailler Vertrages geleistet werden mussten, die Wirtschaft erheblich. Dann erschütterte die Inflation von 1923 die Republik. Als es nach einer kurzen Phase wirtschaftlicher Blüte – den sprichwörtlichen Goldenen Zwan-

Weimarer Nationalversammlung

zigern – schließlich 1929 an der New Yorker Börse zum dem sogenannten Schwarzen Freitag, dem großen Börsencrash, kam, geriet auch die Weimarer Republik in den Sog der nun einsetzenden Weltwirtschaftskrise. Ein massives Ansteigen der sowieso schon hohen Arbeitslosenzahlen von rund einer Million auf fünf bis sechs Millionen war die Folge – und diese Massenarbeitslosigkeit sollte schließlich auch der wichtigste „Sargnagel" der Republik sein.

Anfänge und Wegbereiter des Nationalsozialismus

Schon vor 1918 gab es in Deutschland Gruppierungen, die Teile des Programms der Nationalsozialisten vorwegnahmen. Manche blieben auch danach bestehen und einige ihrer Mitglieder sollten später führende Nationalsozialis-

? Schon gewusst?

Als Frankreich, um seinen materiellen Forderungen Ausdruck zu verleihen, 1923 das Ruhrgebiet besetzt und es zu einem Generalstreik gegen diese Okkupation kommt, eskaliert die ökonomische Krise des sowieso schon hochverschuldeten Deutschen Reichs. Man wirft, um die Streikenden materiell zu unterstützen, die Notenpresse an. Doch den gedruckten Geldscheinen fehlt jeglicher reeller Gegenwert, die Währung verfällt, die **Inflation** steigt mit rasender Geschwindigkeit. Schließlich muss man rund 40 Milliarden Mark aufbringen, um einen US-Dollar zu erhalten. So geht das ersparte Vermögen zahlreicher Deutscher buchstäblich im Nichts auf, weil es von einem Tag auf den anderen nichts mehr wert ist. Dem Vertrauen der Bürger in den jungen Staat ist dies alles natürlich wenig zuträglich, obgleich die Inflation schließlich mit der Einführung einer neuen Währung gestoppt werden kann.

Börsencrash in New York

ten werden. Hier ist vor allem der Alldeutsche Verband zu nennen. Die nationalistische, militaristische, völkisch-rassistische, antiliberale und antisemitische Organisation vermochte es schon im Kaiserreich, mit ihren Publikationen die Deutschen und die deutsche Politik maßgeblich zu beeinflussen. Nach dem verlorenen Ersten Weltkrieg forderte sie nicht allein die Errichtung einer „nationalen Diktatur", sondern auch die Ausweitung des deutschen Lebensraumes sowie die „Vertreibung alles Undeutschen". Gerade Letzteres war schon mit deutlich rassistischen, vor allem aber antisemitischen Anklängen verbunden.
Ähnlich programmatische Parallelitäten zum Nationalsozialismus finden sich bei der Thule-Gesellschaft, der der spätere nationalsozialistische Chefideologe Alfred Rosenberg (1893–1946) angehörte, wie auch beim Deutschvölkischen Schutz- und Trutzbund. Beide Verbände führten das Hakenkreuz im Wappen, das auch Symbol zahlreicher anderer ähnlich ausgerichteter Gruppierungen war. Gemeinsam mit dem paramilitärischen Stahlhelm, der als Bund der Frontsoldaten kurz nach Kriegsende gegründet worden war, und der NSDAP führten sie den Kampf gegen die Weimarer Republik. Sie schreckten auch vor der Planung und Ausführung von Attentaten auf Repräsentanten des bürgerlichen Staats nicht zurück. Aber auch jenseits solcher ausgewiesenermaßen verfassungsfeindlichen Gruppierungen ließen sich in der Weimarer Republik antidemokratische, antisemitische und nationalistische Kräfte bis weit in das Bürgertum und die intellektuelle Elite hinein finden. Sie alle forderten die Ablösung der Demokratie durch einen autoritären, diktatorischen Staat, der mit der – wie es hieß – „westlich dekadenten Gleichmacherei" Schluss machen sollte.

Der Hitler-Putsch

In aller Konsequenz probierten diese antirepublikanischen Kräfte mehrmals, die Macht in Deutschland auch mit Waffengewalt an sich zu reißen, so zum Beispiel während des erfolglosen Kapp-Putsches von 1920. Auch die NSDAP versuchte sich unter der

Adolf Hitler

Adolf Hitler

Adolf Hitler wird am 20. April 1889 als Sohn eines Zollbeamten im oberösterreichischen Braunau am Inn geboren. Nachdem er die Realschule abgebrochen hat, ermöglicht ihm der Tod der Eltern zunächst ein Leben ohne regelmäßige Arbeit in Wien. Als das Erbe aufgebraucht ist, wird er obdachlos, und angesichts mehrerer Ablehnungen seiner Bitte um Aufnahme an der Kunstakademie sieht seine berufliche Zukunft wenig rosig aus. Während dieser Zeit in der Metropole des Vielvölkerstaats Österreich-Ungarn, mit dem er sich kaum identifizieren kann, widmet er sich der Lektüre nationalistischer und antisemitischer Schriften, die sein späteres Weltbild prägen. Nachdem er 1913 nach München gezogen ist, schließt sich Hitler im Ersten Weltkrieg als Freiwilliger einem deutschen Regiment an und wird an der Front mehrfach verwundet. Noch während des Krieges beschließt er, Politiker zu werden. Nach Kriegsende formuliert er als wichtigstes politisches Ziel die „Entfernung aller Juden" aus Deutschland. Zu diesem aggressiven Antisemitismus gesellen sich fanatischer Nationalismus, ausgeprägter kämpferischer Militarismus, krude „germanische" Ideologie und nicht zuletzt der Hass auf alle diejenigen, denen Hitler die Schuld für die Niederlage im Weltkrieg in die Schuhe schiebt: Gewerkschaftler, Sozialdemokraten, Kommunisten. Um seine politischen Ziele durchzusetzen, schließt er sich der rechtsextremen Deutschen Arbeiterpartei an, die unter seiner Führung und unter dem neuen Namen NSDAP (Nationalsozialistische Deutsche Arbeiterpartei) am 30. Januar 1933 in Deutschland an die Macht kommt. Zwölf Jahre später wird Hitler gemeinsam mit seinen Anhängern nicht allein die Welt in einen blutigen Krieg gestürzt, sondern auch den Völkermord an sechs Millionen Juden zu verantworten haben.

Marsch auf Rom

Führung des Parteichefs Adolf Hitler (1889–1945) im November 1923 mit einem Staatsstreich. Als Vorbild diente dabei der berühmte Marsch auf Rom der italienischen Faschisten unter Benito Mussolini (1883–1945) von 1922.

Im Gegensatz zu diesem war der Umsturzversuch der deutschen Nationalsozialisten jedoch reichlich schlecht organisiert, vor allem aber war er mit anderen republikfeindlichen Kräften, auf deren Mithilfe man gehofft hatte, nicht abgestimmt. Mehr oder minder auf sich allein gestellt rief Hitler in München die „Nationale Revolution“ aus, erklärte die deutsche und bayerische Regierung für abgesetzt und zog am Morgen des 9. November 1923 mit einigen Tausend Bewaffneten durch die bayerische Hauptstadt. Der Marsch wurde jedoch schnell an der Feldherrnhalle gestoppt. Es kam zu Feuergefechten mit der Polizei, die den Aufstand rasch niederschlagen konnte. Hitler selbst gelang zwar zunächst die Flucht, er wurde aber bald schon außerhalb Münchens entdeckt und vor ein bayerisches Gericht gestellt. Dieses verurteilte ihn zwar wegen Hochverrats, blieb aber im Strafmaß von fünf Jahren Festungshaft äußerst milde. Nach der sogenannten nationalsozialistischen Machtergreifung 1933 sollten die Nazis den 9. November zum nationalen Gedenktag verklären, an dem sie mit reichlich Pomp, mit „Blutorden“ und „Blutfahnen“, vor allem aber mit einem enormen Maß an Heldenverehrung für die 14 Toten aus den eigenen Reihen ihrer gescheiterten Revolte gedachten.

Neuaufbau und Etablierung der NSDAP

Hitlers Partei, die NSDAP, wurde wegen ihrer Rolle bei dem Putschversuch vom November 1923 zunächst verboten. Die Nachfolgeorganisationen, die die nationalsozialistische Arbeit fortsetzen sollten, standen sich feindlich gegenüber und bekämpften sich eher gegenseitig als den politischen Gegner. Hitler selbst griff in diese internen Auseinandersetzungen nicht ein und trat am 1. April 1924 die Haftstrafe wegen Hochverrats an. Doch statt die urteilsgemäßen fünf Jahre Festungshaft verbüßen zu müssen, wurde er kaum neun Monate später wegen „guter Führung“ entlassen. Die Haftzeit nutzte er zur Niederschrift seines programmatischen Buches *Mein Kampf*, das bereits vieles von dem erkennen ließ, was während der nationalsozialistischen Terrorherrschaft politisch und militärisch umgesetzt werden sollte. Nach seiner Entlassung schaffte es Hitler noch 1925, das Verbot der NSDAP aufheben zu lassen und die meisten der verschiedenen auseinanderdriftenden nationalsozialistischen Splittergruppen wieder unter dem Dach dieser Partei zu einen.

Neugründung der Partei

Die Tatsache, dass ihm gerade Letzteres gelang, hatte er wohl vor allem seinen ausgesprochenen Führungsqualitäten zu verdanken, denn tatsächlich wurde Hitler von all diesen verschiedenen, verfeindeten und auch programmatisch sehr unterschiedlich ausgerichteten Gruppen als Führer anerkannt. Sein eigener Anspruch der Partei gegenüber ging sogar so weit, dass er bei der Gestaltung der Hakenkreuzfahne wie auch von Uniformen und Standarten verschiedener Parteiorganisationen selbst Hand anlegte – Hitler fühlte sich schließlich immer noch als Künstler. Politisch richtete er die NS-Bewegung nun allerdings – nach den Erfahrungen von 1923 – auf einen „Legalitätskurs" aus. Hitler verzichtete damit hochoffiziell auf den bewaffneten Kampf gegen die verhasste Demokratie, ohne dabei jedoch vom Ziel ihrer Zerstörung abzurücken. Die Weimarer Verfassung sollte mit ihren eigenen Waffen – mit Wahlen und Parteipolitik – bekämpft werden. Betrachtet man die Wahlerfolge der NSDAP und den Zulauf zur Partei, ist unschwer zu erkennen, dass dieses Konzept im Vergleich mit den früheren militanten Umsturzversuchen durchaus als erfolgreich bezeichnet werden muss. Auf Militanz und Bewaffnung wurde aber seitens der nationalsozialistischen Führung selbstverständlich nicht generell verzichtet. Denn trotz „Legalitätskurs" wurde mit der Sturmabteilung (SA) auch eine paramilitärische Terrororganisation aufgebaut, die primär der Bekämpfung, auch der Ermordung politischer Gegner dienen sollte.

? Schon gewusst?

Im engeren Sinn versteht man unter dem Begriff **Faschismus** die Regierungsform des italienischen Politikers Benito Mussolini (1883–1945). Dieser stellt 1922 mit seinem Marsch auf Rom den Machtanspruch seiner Faschistischen Partei (Partito Nazionale Fascista) eindrucksvoll unter Beweis und zwingt den italienischen König so, ihn noch im selben Jahr zum Ministerpräsidenten zu ernennen. Die Zeit der faschistischen Herrschaft in Italien ist damit angebrochen. Mussolini gilt 20 Jahre lang als allmächtiger *Duce* (Führer) Italiens und wird erst 1943 von einer innerparteilichen Opposition aus dem Amt verdrängt. Die Ideologie des Faschismus zeichnet sich durch extremen Nationalismus, liberale ökonomische Vorstellungen und ausgeprägten Konservatismus aus. Da die italienischen Faschisten den deutschen Nationalsozialisten in vielerlei Hinsicht als Vorbild gelten, werden Letztere häufig ebenfalls als Faschisten bezeichnet. Heute wird der Begriff „Faschismus" ziemlich weit gefasst und für viele Formen rechter Diktatur verwendet.

Die Ideologie des Nationalsozialismus

Kern der nationalsozialistischen Ideologie war eine seinerzeit kaum hinterfragte, aber wissenschaftlich äußerst zweifelhafte Rassenlehre. Sie besagt, dass es grundsätzlich höherwertige und niedere menschliche Rassen gäbe, die in einem dauerhaften Kampf gegeneinander stünden. Nach dieser Lehre bildet die Rasse der sogenannten Arier die Krone der Schöpfung, und diese „arische Rasse" sei – so die nationalsozialistische Auffassung – vor allem unter den Deutschen vertreten. Als hervorstechende Merkmale von Ariern wurden blondes Haar, hoher Wuchs, blaue Augen und nicht zuletzt ein Langschädel genannt.

Nationalsozialistische Parade

Die Rassenlehre

Die Arier seien, so wurde verbreitet, die natürlichen Herrscher der Welt, das „Herrenvolk", dem alle anderen Völker im Kampf um Lebensraum weichen müssten. Zu diesen niederen Rassen zählten die nationalsozialistischen Ideologen die slawischen Völker Osteuropas, vor allem aber die Juden, denen man zusätzlich zu ihrer angeblichen rassischen Minderwertigkeit auch noch eine ausgesprochene Gerissenheit unterstellte. Vor diesem Hintergrund bekam für die Nationalsozialisten die – wie sie es nannten – „Rassenpflege", die „Reinhaltung des deutschen Blutes" eine besondere Bedeutung: Paare sollten nur innerhalb „artverwandter Sippen" gebildet werden, die Partnerschaft eines sogenannten Ariers mit einem Mitglied einer angeblich minderwertiger Rasse galt als Verrat am eigenen Volk, als „Rassenschande". Mit einigem Aufwand brachten die Nationalsozialisten diese krude Ideologie in zahllosen „Aufklärungsbroschüren" unter das Volk. Sie versuchten auch, die Theorie wissenschaftlich zu untermauern, allerdings ohne Erfolg. Wenn die nationalsozialistische Rassenlehre heute auch mehr als grotesk erscheint, so rechtfertigten die Nationalsozialisten mit ihr nicht allein den verbrecherischen Krieg in Osteuropa, sondern auch den Mord an Millionen europäischer Juden wie auch an Sinti und Roma und anderen Mitgliedern vorgeblich minderwertiger menschlicher „Rassen".

Nationalismus

Die rassistische Ideologie der Nationalsozialisten wurde gekoppelt mit einem äußerst aggressiven deutschen Nationalismus. Der gewöhnliche zeitgenössische Nationalismus forderte ja zunächst einmal lediglich, dass jedes Volk, jede Nation in einem Staat leben bzw. dass jede Nation überhaupt erst einmal ihren Staat haben solle. Schon im Deutschen Kaiserreich erlebte der deutsche Nationa-

! Alfred Rosenberg

Alfred Rosenberg

Der 1893 in der Hafenstadt Reval (heute Tallinn, Estland) geborene Alfred Rosenberg studiert bis zur Oktoberrevolution in Moskau, flieht dann aber vor den siegreichen russischen Kommunisten nach Deutschland. Als fanatischer Rassist und Antisemit schließt er sich schon früh der NSDAP an, deren Zentralorgan *Völkischer Beobachter* er seit 1921 leitet. 1930 schreibt Rosenberg sein programmatisches Hauptwerk *Der Mythus des 20. Jahrhunderts*, in dem er die nationalsozialistische Rassentheorie ideologisch verfestigt und damit das theoretische Fundament für den späteren Holocaust entwickelt. Obgleich als nationalsozialistischer Cheftheoretiker anerkannt, wird er nach 1933 von seinen vermeintlichen Parteifreunden immer weiter ins politische Abseits gedrängt. 1941 wird er trotzdem Reichsminister für die besetzten Ostgebiete und ist als solcher mitverantwortlich für die Deportation und Ermordung von Millionen von Juden. Daher wird Rosenberg nach Kriegsende im Nürnberger Prozess unter anderem wegen Verbrechen gegen die Menschlichkeit für schuldig befunden, zum Tode verurteilt und 1946 hingerichtet.

lismus eine Übersteigerung, die sich in einem seinerzeit äußerst beliebten, aber völlig aus dem Zusammenhang gerissenen Dichterwort treffend zusammenfassen lässt: „Am deutschen Wesen soll die Welt genesen!“ Die Nationalsozialisten übernahmen schon früh die Idee dieses übersteigerten Nationalismus und trieben sie rassistisch angereichert auf die Spitze. Volk, Rasse und Nation fielen nach diesen Vorstellungen in eins. So wurde innenpolitisch gefordert, dass die deutsche Nation ausschließlich aus einer sogenannten Volksgemeinschaft gebildet werden sollte, dass in Deutschland ausschließlich Deutsche leben sollten. Dabei wurde aber die Frage, wer nun Deutscher war und wer nicht, ausschließlich nach rassistischen Kriterien beantwortet: Juden und andere – wie es heißt – „Undeutsche“ wie Sinti und Roma sollten daher aus der deutschen Nation ausgeschlossen werden – und letztendlich aus Deutschland verschwinden. Außenpolitisch wurde angesichts der angeblichen rassischen Höherwertigkeit der Deutschen die angeblich notwendige „Eroberung von Lebensraum“ für die aufstrebende deutsche Nation im Osten Europas auch mit militärischen Mitteln gefordert. Welchen Platz dann in dieser neuen „Großdeutschen Nation“ die ursprünglich in Osteuropa beheimateten slawischen Völker haben sollten, das wussten die Nationalsozialisten schon in den 1920er-Jahren recht genau: Sie sollten den Deutschen gehorchen und ihnen dienen, um dann schließlich wie die Juden ebenfalls zu verschwinden.

Antikapitalismus

Schon die ersten Mitglieder der späteren NSDAP wandten sich vehement gegen den Kapitalismus. Hinter dieser Wirtschaftsordnung vermuteten sie stets jüdische Verschwörer und Dunkelmänner. Überhaupt geriet ihnen der Kapitalismus zu einem Sinnbild einer Moderne, die sie so nicht haben

Antikapitalistisches Propagandaplakat

wollten. Dem – wie es heißt – „westlich-dekadenten und verjudeten“ Kapitalismus, der nur dem Individualismus und dem Wohl einiger weniger förderlich sei, setzten die Nationalsozialisten die Idee eines mittelalterlich-romantischen Ständestaates gegenüber, in dem jedes Gesellschaftsmitglied gemeinnützig seinen Teil zum Erhalt des Ganzen beitragen sollte. Der Führer der SA Ernst Röhm (1887–1934) entwickelte zusammen mit anderen die Vorstellung, es gebe zwei grundsätzlich unterschiedliche Formen von Besitz und Kapital: einmal das nützliche deutsche „schaffende Kapital“, das sich in den Dienst des Volkes stelle, und dann das parasitäre „raffende Kapital“, das eigennützig vor allem an der Börse um große Gewinne spekuliere und hinter dem sich letztlich nichts anderes als das „Weltjudentum“ verberge. So manifestierte sich dann auch der Hass der Nationalsozialisten auf den Kapitalismus meist ganz banal im Ressentiment, im Neid und in der Wut gerade auf solche Juden, die ökonomisch erfolgreich waren. Besonders die Juden, die große Handelshäuser, Banken und Industriebetriebe leiteten, galten den Nazis als Urbild des bösen, asozialen, schlechten und schädlichen Kapitalisten, den sie tausendfach in ihren rassistischen Hetzkampagnen mit Hakennase und goldener Uhrenkette karikierten.

Antibolschewismus und Antikommunismus

Doch nicht nur der Kapitalismus der westlichen Staatenwelt wurde von den nationalsozialistischen Ideologen rundweg abgelehnt. Auch die linke Alternative zu dieser bürgerlichen Wirtschaftsordnung, die Idee des Kommunismus, so wie sie vor allem von Karl Marx (1818–83) und Friedrich

Kommunismus in der UdSSR: Nationalsozialistisches Feindbild

Engels (1820–95) im 19. Jh. entwickelt worden war, galt ihnen als gleichmacherisches und undeutsches Gedankengut. In ihrem Hass auf die Kommunisten griffen die Nationalsozialisten dabei auf tiefsitzende Ängste vor der „kommunistischen Weltrevolution" zurück, mit denen schon im Kaiserreich die Deutschen auf breiter Front gegen die Anhänger linker Ideen mobilisiert werden konnten. In den 1920er-Jahren hatte diese Angst eine konkrete Gestalt angenommen, hatte es doch erstmals in Russland 1917 eine erfolgreiche kommunistische Revolution gegeben. Die Entstehung der „bolschewistischen" UdSSR an der Ostgrenze Europas schürte die Angst vor der Ausweitung der Revolution. Die Nationalsozialisten wussten daher mit der von ihnen propagierten Ideologie des Antikommunismus und des Antibolschewismus weite Kreise der Deutschen, also nicht allein das gesamte konservative Spektrum, sondern auch zahlreiche Anhänger der bürgerlichen Mitte, hinter sich.

Im Gegensatz zu der ideologisch, das heißt in erster Linie wirtschaftstheoretisch begründeten Ablehnung der kommunistischen Idee erhält diese in der nationalsozialistischen Ideologie wiederum einen rassistischen und antisemitischen Zug. Die Juden würden sich, so fantasierte die nationalsozialistische Propaganda, den Marxismus zum Ausbau ihrer Weltherrschaft zunutze machen. Anscheinend fiel kaum jemandem auf, dass mit diesem Argument die ebenfalls nationalsozialistische Ablehnung des vorgeblich „verju-

? Schon gewusst?

Der Begriff **Bolschewist** wird lange gleichbedeutend für alle Anhänger des Kommunismus verwendet – und dies gilt insbesondere für die 1920er- und 1930er-Jahre. Wörtlich übersetzt bedeutet das dem Russischen entstammende Wort „Mehrheitler" und geht auf eine Diskussion innerhalb der Russischen Sozialdemokratischen Partei im Jahr 1903 zurück. In einer Abstimmung kann die radikalere Fraktion die Mehrheit gewinnen. Aus diesem Grund werden diese Radikalen, die eigentlich die Minderheit innerhalb der Partei stellen, nun fortan „Bolschewisten" genannt. 1912 trennt sich der bolschewistische Flügel von der Restpartei, welche man fortan – obgleich viel größer als der bolschewistische Block – als „Menschewisten" (Minderheitler) bezeichnet. Nach dem bereits zuvor erfolgten Sturz des Zaren führen die Bolschewisten im Oktober 1917 die erste von den Ideen des Marxismus inspirierte Revolution durch und kommen in Russland so für die nächsten rund 70 Jahre an die Macht.

Schon gewusst?

Judenfeindlichkeit gibt es in Europa schon im Mittelalter. Im Gegensatz zum nationalsozialistischen Antisemitismus ist der **Antisemitismus** historisch zunächst nicht rassistisch motiviert. Vielmehr stehen religiöse Motive im Vordergrund: Nach Überlieferung des Neuen Testaments wird den Juden nämlich die Schuld für die Kreuzigung Christi gegeben. So rechtfertigt die katholische Kirche ihre erfolglosen Versuche der Zwangschristianisierung des jüdischen Volkes damit, dass dieses den Tod des Gottessohnes zu verantworten habe. Aus ähnlichen Gründen ist den mitteleuropäischen Juden der Zugang zu den meisten als ehrbar geltenden Berufen verboten. Sie müssen sich daher vor allem auf das seinerzeit als unehrbar geltende Geschäft mit Geld, auf den Geldverleih und das Einnehmen von Kreditzinsen beschränken, was wiederum die antijüdischen Vorurteile weiter verstärkt. Im 19. Jh. hat sich das Bild vom „Wucherjuden" schließlich weitgehend verselbstständigt, es wird zu einem Feindbild, auf das auch die Politik häufig zurückgreift.

deten Kapitalismus" ad absurdum geführt wurde.

Antisemitismus

Wie bereits deutlich geworden ist, war der Rassismus Grundlage der nationalsozialistischen Ideologie. Er richtete sich zwar gegen alle Völker, die von den Nationalsozialisten als minderwertig erachtet wurden; der antisemitische, also der gegen das Volk der Juden gerichtete Rassismus muss aber besonders hervorgehoben werden. In ihrer Hetze stützten sich die Nationalsozialisten zwar auch auf ältere Formen des religiös motivierten Antisemitismus, der bis weit in das Mittelalter hineinreicht, durch die Kombination mit der Rassenlehre bekam der nationalsozialistische Antisemitismus aber eine ganz neue Dimension. Nach dieser Vorstellung war man nämlich nicht Jude, weil man dem mosaischen Glauben des Alten Testaments anhing – dies wurde nur als ein Ausdruck jüdischen Daseins verstanden. Man galt vielmehr als Jude, weil man der „jüdischen Rasse" angehörte.

Die Ausgrenzung deutscher Mitbürger

Die Bemühungen zahlreicher deutscher Juden, als ganz „normale" Staatsbürger anerkannt zu werden oder sich sogar durch Konversion zum Christentum der religiösen Mehrheit im Lande anzupassen, waren damit hinfällig. Den nationalsozialistischen Ideologen galten sie als „undeutsch", mithin als natürliche Feinde des deutschen Volkes, auch wenn sie als deutsche Staatsbürger im Ersten Weltkrieg ganz selbstverständlich auf deutscher Seite gekämpft hatten und selbst wenn sie sich inzwischen zum protestantischen oder katholischen Glauben bekannten. Von Anfang an ließen die Nationalsozialisten kaum einen Zweifel daran, wie sie sich, sollten sie dereinst die Macht erringen, der Juden entledigen wollten: durch Vertreibung und Vernichtung. Um dies auch der deutschen Bevölkerung nahezubringen, erklärten sie, dass nahezu jegliches Unglück, das den Deutschen seit Menschengedenken widerfahren war, jede Hungersnot, jede Kriegsniederlage, jede Epidemie letztlich von den Juden zu verantworten sei. Denn im Kampf um die Weltherrschaft würden sich diese seit jeher sämtlicher Mittel bedienen, um dem deutschen Volk zu schaden. Mit dieser ideologischen Hetze, der es selbstverständlich an jeglicher historischen Wahrheit mangelte, begründeten die Nazis schließlich auch den Massenmord an Abermillionen Menschen.

Sozialdarwinismus

Zur Begründung ihrer aggressiven rassistischen und außenpolitischen Ziele bedienten sich die Na-

Charles Darwin

tionalsozialisten einer Sprache und einer Ideologie, die auf den Theorien von Charles Darwin (1809–82) und Jean-Baptiste Chevalier de Lamarcks (1744–1829) aufbauten und die man gemeinhin als Sozialdarwinismus bezeichnet. Die Sozialdarwinisten hatten die Evolutionsmodelle dieser beiden Biologen übernommen und übertrugen diese auf die menschliche Gesellschaft: Wie die Welt der Flora und Fauna sei auch das menschliche Geschlecht geprägt vom „Kampf ums Dasein", aus welchem nur das stärkste Glied siegreich hervorgehen könne. Man mag kaum glauben, welche grauenerregenden Folgen eine solch absurde Lehre wie die des Sozialdarwinismus, dem nach heutigem Maßstab jeglicher wissenschaftlicher Anspruch versagt werden muss, hervorzubringen vermochte. Die Nazis übernahmen nämlich diese Idee und erweiterten sie: Die Lehre vom Daseinskampf und vom Sieg des Stärkeren gelte auch für die verschiedenen menschlichen Rassen, von denen ja die nationalsozialistische Ideologie sowieso schon behauptete, sie seien in einem permanenten Überlebenskampf gegeneinander involviert. Wenn also das deutsche Volk – so schlossen die Nationalsozialisten – seinen vorgeblich naturgemäßen Auftrag zu herrschen erfüllen wolle, müsse es alle Kräfte für diesen Kampf mobilisieren. So zogen die Nationalsozialisten die sozialdarwinistische Lehre zur Rechtfertigung für die Hochrüstung, den Militarismus, die kriegerische Expansion und den Vernichtungskrieg, nicht zuletzt aber auch für den Holocaust heran. Hitler selbst hetzte schon in seinen frühesten Schriften, dass es dem deutschen Volk erst dann, wenn die Juden aus Deutschland verschwunden seien, nicht mehr an Kraft für den anstehenden Kampf um Lebensraum im Osten fehlen würde.

Antidemokratisches Führerprinzip

Die Nationalsozialisten lehnten das Prinzip der Demokratie und der Herrschaft der Mehrheit rundweg ab. Insbesondere an der Parteiendemokratie, wie sie sich in der Weimarer Republik mit ihren unzähligen im Reichstag vertretenen Parteien präsentierte, kritisierte man, dass sie das deutsche Volk und damit die von den Nationalsozialisten geforderte homogene „Volksgemeinschaft" spalte. Diese Meinung wurde in der Weimarer Republik im Übrigen auch von zahlreichen Konservativen getragen, die im Reichstag nichts anderes als eine überflüssige „Schwatzbude" sahen, in der sich die Uneinigkeit der Deutschen verfestige. Nach Auffassung der Nationalsozialisten war es vor allem diese Zersplitterung, welche die Deutschen jeglicher Kraft beraubt hätte, denn sie habe sie zu einem willfährigen und wenig kampfbereiten Opfer anderer „schwächerer und minderwertigerer Völker" gemacht. Und hier sah man wie selbstverständlich wiederum die Juden am Werk, die aus diesem Grund die parlamentarische Demokratie unterstützen würden. Die Nationalsozialisten stellten der Demokratie die Herrschaft des Einzelnen gegenüber. Die Regierungsform der Diktatur wurde hier also, im Gegensatz zur heute landläufig gängigen Meinung, äußerst positiv beurteilt. Nicht die Mehrheit sollte bestimmen, sondern ein einzelner „Führer", dem das gesamte Volk bedingungslosen Gehorsam schuldete. Hitler selbst richtete zunächst die NSDAP ganz nach diesem Prinzip aus, nach der „Machtergreifung" wurde schließlich auch das Deutsche Reich ein Führerstaat. In der Praxis ging die Umsetzung des Führerprinzips in Staat und Partei wie in anderen ähnlich orientierten Diktaturen mit einem völlig übersteigerten Personenkult um Hitler einher, dem man nahezu unbeschränkte Macht zusprach und der daher auch nahezu abgöttisch verehrt wurde.

Plakat Hitlers von 1938

Familien- und Frauenideal

Das nationalsozialistische Frauen- und Familienideal entsprach dem vieler konservativer Zeitgenossen, wenngleich es hier gewissermaßen gemäß der Rassenideologie umgedeutet wurde. Nach Auffassung der Nationalsozialisten lag es in der Natur der Frau, Mutter zu sein bzw. Mutter zu werden und möglichst viele Kinder zu gebären. Außerhalb des familiären Rahmens dagegen traute man den Frauen wenig zu. Es sei nun einmal der Dienst der deutschen Frau am Volk, so Hitler, dass sie der Ausbreitung der arischen Rasse Vorschub leisten müsse, für deren Erhalt der Mann wiederum an anderen Fronten zu kämpfen habe. Damit die Erziehung des Nachwuchses gemäß der nationalsozialistischen Ideologie gewährleistet werden konnte, sollten die Hausfrauen und Mütter zunächst auf Parteilinie gebracht werden. Dazu wurden schon früh zahlreiche Parteiinstitutionen geschaffen, die der Fort- und Weiterbildung in praktischen Fragen der Haushaltsführung wie auch in „rassischen“ Fragen dienen sollten. Wohl auch deshalb fand die NSDAP – trotz ihres konservativen Frauenbildes – unter den Frauen schon recht früh eine große Zahl von Anhängerinnen.
Aus dem gleichen Grund sollte die Erziehung des Nachwuchses aber nur in den ersten Lebensjahren der Mutter obliegen. Recht bald schon mussten die Kinder in die Obhut nationalsozialistischer Organisationen übergeben werden. So spielten bei der Erziehung neben der Schule vor allem die Jugendorganisationen HJ (Hitler-Jugend) und BDM (Bund Deutscher Mädel) eine Rolle, die die Kinder auf ihre – wiederum je nach Geschlecht unterschiedlichen – Rollen vorzubereiten hatten.

Die Partei

Die NSDAP mit ihrem nationalistischen Pomp, ihrem irrationalen Rassismus und Antisemitismus, ihren hohlen Ritualen, ihrem Militarismus und mit ihrem Führer Adolf Hitler (1889–1945), dessen Ausstrahlungskraft und rhetorischem Talent – all dies mag einen Teil der Deutschen in den 1920er- und 1930er-Jahren durchaus angesprochen haben. Es ließen sich aber bei weitem nicht alle hiervon begeistern. Welche Gruppen blieben also – wenigstens zunächst – resistent gegen die NS-Propaganda, welche waren besonders leicht vom Nationalsozialismus anzustecken, und wo vermochte es die NSDAP, Mitglieder zu rekrutieren?

Rede Hitlers vor Anhängern

Führung und Verführung: Woher kamen die Anhänger der NSDAP?

Ganz allgemein kann festgestellt werden, dass gerade die Deutschen, die in einem Umfeld mit klaren Werten und auch einer eigenen selbstständigen Kultur großgeworden waren, sich wenigstens in den 1920er- und frühen 1930er-Jahren noch nicht allzu sehr von den nationalsozialistischen Ideen beeindrucken ließen. Zu diesen dem Nationalsozialismus gegenüber wenig aufgeschlossenen Umgebungen gehörten große Teile des katholischen Deutschland sowie die sozialistisch oder sozialdemokratisch geprägte Arbeiterschaft. Beide Milieus banden ihre Angehörigen in eine feste Lebenswelt ein und integrierten sie in ein eng gewobenes Geflecht aus Familien, Nachbarn, Vierteln, Gemeinden, Kultur-, Jugend- und Sportorganisationen. Sie erfassten die Menschen also sowohl in ihrer Arbeitswelt wie in der Freizeit. Viele der Angehörigen dieser Milieus hatten die moralischen und kulturellen Orientierungen des Katholizismus oder des Sozialismus offenbar so weit verinnerlicht, dass sie sich als relativ resistent gegen die nationalsozialistische Propaganda und Rhetorik wie auch gegen Hitlers Ausstrahlungskraft erwiesen. Der hohlen Rhetorik der Nationalsozialisten vermochten sie mit eigenen politischen und moralischen Ideen und mit eigenen kulturellen Vorstellungen und Modellen eine Weile lang standzuhalten.

Entwurzelung

Auf der anderen Seite hatte der Erste Weltkrieg viele Menschen sozial, politisch und kulturell völlig entwurzelt. Vor Kriegsbeginn waren diese Menschen fest in das wilhelminische Deutschland eingebunden. Es hatte ihnen nicht allein berufliche, also existenzielle Sicherheit, sondern auch moralische Orientierung sowie eine deutschnationale Identität geboten. Nach dem Krieg war dagegen alles anders. Das prächtige, glanzvolle Kaiserreich mit all seinen Fahnen, Ritualen, Uniformen und anderen Symbolen, ganz besonders aber mit seinem Monarchen Wilhelm II. (1859–1941) als nationale Integrationsfigur schlechthin – all dies gab es seit November 1918 nicht mehr. Nicht einmal die alte Nationalflagge war noch die gleiche. Stattdessen wurde mit der Weimarer Republik ein neuer, moderner demokratischer Staat gegründet, der vor allem auf Nüchternheit, Besonnenheit und Vernunft setzte. Vielen Bürgern, die dem Glanz des Kaiserreichs nachtrauerten, bot dieser Staat nur wenig Grund, Anlass und Gelegenheit, sich mit ihm zu identifizieren.

Armut

Neben diesen Verlust von nationaler Identität, der auch einer kulturellen Entwurzelung gleichkam, traten die materiellen Nöte. Viele Familien, die vor 1914 dem verhältnismäßig wohlhabenden bürgerlichen Mittelstand angehörten, hatten durch den Ersten Weltkrieg und die Inflation buchstäblich alles verloren. Sie glitten in die Unterschichten ab, denen sie sich nicht zugehörig fühlten. Menschen, die sich zuvor als Angestellte den Arbeitern gegenüber immer bessergestellt und privilegiert gefühlt hatten, standen mit einem Mal genau auf deren Stufe und hatten dieselben Nöte. Man spricht in diesem Zusammenhang von der „Proletarisierung" vieler Angehöriger des Bürgertums. Diese waren aber nicht in die klassischen Arbeitermilieus integriert, waren eben keine Sozialisten und fühlten sich auch immer noch als etwas Besseres gegenüber den „Proleten", mit denen sie doch faktisch in einem Boot saßen. Dies war die typische Klientel, die auf den nationalsozialistischen Zug aufsprang. Er bot ihnen nationalistische Pracht und militaristische Rituale, gleichzeitig das Versprechen der Rückkehr zu alter nationaler Größe und Identität, zu Respekt und nicht zuletzt zu ökonomischer und beruflicher Sicherheit. Und manch einen, der nichts mehr hatte außer seiner bloßen Existenz, sprach es wohl schließlich auch an, dass ihm die Nationalsozialisten erklärten, er sei rassisch hochwertig und es obliege ihm schon kraft seiner Zugehörigkeit zur Herrenrasse, zu herrschen.

Der Parteiapparat: Wer bestimmte was?

Unmittelbar nachdem Hitler aus der Festungshaft entlassen worden war, machte er sich daran, die NSDAP neu zu gründen. War deren Einflussgebiet vor 1923 zunächst ausschließlich auf Bayern beschränkt gewesen, so zeigte sich bei der Neugründung und Neustrukturierung der Partei, dass man sich nunmehr einiges vorgenommen hatte: die Ausdehnung der NSDAP auf das gesamte Reichsgebiet. Dazu bedurfte es aber – das wussten alle Beteiligten – eines wohldurchdachten verwaltungstechnischen Aufbaus der Partei, die nach wie vor streng nach dem sogenannten Führerprinzip ausgerichtet sein sollte.

Aufbau der Partei

An der Spitze der NSDAP stand somit unzweifelhaft Adolf Hitler, auf den die Partei zentral ausgerichtet war. Ihm und seinen Stellvertretern fiel letztlich jegliche Entscheidungskompetenz in allen Parteifragen zu. In der Parteihierarchie unmittelbar darunter angeordnet waren die 18 sogenannten Reichsleiter. Unter ihnen waren etliche Parteigrößen wie Joseph Goebbels (1897–1945), Martin Bormann (1900– 45), Franz Ritter von Epp (1868–1946), Richard Walter Darré (1895–1953), Wilhelm Frick (1877–1946), Alfred Rosenberg (1893–1946), Hans Frank (1900–46), Robert Ley (1890–1945), Heinrich Himmler (1900–45), Ernst Röhm (1887–1934) und Baldur von Schirach

Menschenschlange vor einem Geschäft während der Inflation

(1907–74). Den Reichsleitern unterlagen entweder konkret umrissene Aufgabengebiete wie die Führung und Kontrolle der Parteifinanzen oder der Parteigerichtsbarkeit. Oder aber sie verfügten als Führer von Parteiorganisation wie der SA (Röhm), der SS (Himmler), der NS-Kulturgemeinde (Rosenberg), dem NS-Juristenbund (Frank) oder der HJ (von Schirach) über einen großen Einfluss auf die NSDAP.

NSDAP unter der Führung Hitlers 1925 in München

Nationalsozialistische Organisationen

Andere an die Partei angeschlossene aufgabenspezifische Verbände und Organisationen waren: NS-Volkswohlfahrt, Reichsbund der Deutschen Beamten, NS-Lehrerbund, NSD-Ärztebund, NSD-Studentenbund, das NS-Kraftfahrerkorps, NS-Bund Deutscher Techniker, NS-Kriegsopferversorgung, NS-Frauenschaft. Sie alle waren in die Partei integriert und unterstanden entweder direkt Hitler oder einem der Reichsleiter. So waren etwa die NS-Frauenschaft, die NS-Kriegsopferversorgung wie auch der NS-Lehrerbund dem für die politische Organisation zuständigen Reichsleiter Robert Ley untergeordnet.

Regionale Struktur und Hierarchie

Da die Partei nicht nur nach sachlichen Kriterien und Kompetenzbefugnissen, sondern auch regional einer mehr oder minder klaren Struktur bedurfte, legte die neue Parteisatzung von 1926 die Unterteilung des Reichsgebiets in zunächst insgesamt 33 sogenannte Gaue fest. Jeder einzelne Gau verfügte wiederum über eine eigene, aber einheitlich nach dem Führerprinzip ausgerichtete Partei- und Verwaltungsstruktur. Wie die gesamte Partei auf den Parteiführer Adolf Hitler hin ausgerichtet war, so war auch im Kleinen jeder Gau auf den Führer dieser Verwaltungseinheit, den sogenannten Gauleiter hin orientiert.

Die Parteistruktur der NSDAP erscheint aber nur auf den ersten Blick mehr oder minder gut durchdacht. Tatsächlich wird bei genauerem Betrachten des parteiinternen Hierarchie- und Kompetenzgefüges klar, dass eigentlich nur die Parteispitze um Hitler klar definiert war. Unterhalb dieser Ebene gab es dagegen jede Menge

Personen, die sich innerhalb der Parteihierarchie auf etwa gleich hohem Niveau befanden und zum Teil auch mit ganz ähnlichen Aufgaben betraut waren. Es kam daher nicht von ungefähr, dass aus dem schwer durchschaubaren Durcheinander um Kompetenzen und Aufgaben schon früh Neid und Missgunst erblühten. Und manch hoher Parteigenosse, der anderen in ihrer Karriere im Weg stand, wurde – wie zum Beispiel Alfred Rosenberg – rasch ins Abseits gedrängt oder auch – wie etwa Ernst Röhm – buchstäblich aus dem Weg geräumt.

Die SA

Zu den bekanntesten und wohl auch berüchtigtsten Parteiorganisationen der NSDAP zählte zweifelsohne die sogenannte Sturmabteilung, meist besser unter ihrer Abkürzung SA bekannt. Ohne unmittelbar der Partei unterstellt zu sein, wurde sie Anfang der 1920er-Jahre auf ausdrückliche Anordnung Hitlers hin als – wie es hieß – „Wehrverband" gegründet und firmierte seit November 1921 unter dem Namen SA. Zwar tarnte sie sich als harmlose Sportabteilung der NSDAP, doch hatten ihre Angehörigen mit dem Turnen nur wenig im Sinn. Faktisch wurde die SA auch von den Gegnern des Nationalsozialismus kaum als Parteiturnverein wahrgenommen. Vielmehr war sie als mörderischer, halbmilitärischer Schlägerhaufen bekannt, eine Parteiarmee der NSDAP, die direkt dem Oberbefehl Hitlers unterstellt war. Wegen ihrer aktiven Beteiligung am gescheiterten Umsturzversuch von 1923 wurde die SA zusammen mit der NSDAP zwar verboten, konnte aber ebenso wie die Partei kaum zwei Jahre später erneut gegründet werden. Im Gegensatz zu der Zeit vor ihrem Verbot war die SA nun auch offiziell fest in die Parteistruktur eingebunden. Ihre Funktion war klar: Einerseits sollte sie für die Partei agitieren, Propaganda betreiben; weitaus wichtiger aber war die von Hitler angeordnete „Rückeroberung der Straße". Hinter dieser Phrase verbarg sich die Anordnung zu grenzenlosem Terror gegen die zahlenmäßig überlegenen Gegner des Nationalsozialismus insbesondere in den Arbeitervierteln – und dies nicht allein in Zeiten des Wahlkampfs.

Erscheinungsbild

In ihrem äußeren Erscheinungsbild erinnerte die SA stark an militärische Einheiten. Zunächst waren ihre Mitglieder uniformiert: Jeder „SA-Mann" trug, wenn er als solcher in der Öffentlichkeit auftrat, die braune Uniform bestehend aus braunem Hemd, brauner Krawatte und brauner Hose, hohen Stiefeln oder Gamaschen, der typischen steifen SA-Mütze

SA-Chef Ernst Röhm

und dem SA-Koppel mit Schulterriemen. Außerdem hatte er am linken Oberarm eine rote Armbinde mit Hakenkreuz. Innerhalb der SA gab es eine Hierarchie, die wie die meisten anderen nationalsozialistischen Organisationen auch streng nach dem Führerprinzip geordnet war. An ihrer Spitze stand seit 1931 der Stabschef der SA; bis 1934 war dies Ernst Röhm (1887–1934).

Zum Erscheinungsbild der SA gehörte ein weiterer Sachverhalt, traf man doch einen SA-Mann nur äußerst selten alleine an. Aktiv wurde die SA nämlich nahezu ausschließlich in mehr oder weniger großen Kampfverbänden. Dies schloss natürlich nicht aus, dass solche Gruppen gelegentlich auch einem einzelnen Opfer auflauerten, um es zu misshandeln, zu foltern oder auch zu töten. Denn mit zahllosen Akten systematischen Terrors und brutalster Gewalt verbreitete die SA, gerade wenn sie in größeren Einheiten auftrat, Angst und Schrecken vor allem unter Sozialdemokraten und Kommunisten. Zu den beliebtesten strategischen Mitteln der SA-Oberen, die die jeweiligen Aktionen anordneten, gehörte das der Provokation – und dieses beherrschte man hier bestens. Immer und immer wieder ließen sie ihre braunen SA-Kolonnen in die vor allem kommunistischen oder sozialdemokratischen Arbeiterviertel fahren und dort – begleitet von motorisierten Kräften – geschlossen aufmarschieren. Die Aktionen waren meist gut geplant und taktisch ausgeklügelt und verliefen – wenn es dann zur gewünschten gewalttätigen Auseinandersetzung kam – für die SA dank ihrer militärischen Organisation, aber auch aufgrund der militärischen Erfahrung ihrer Mitglieder, häufig erfolgreich. Daneben waren auch Anschläge auf Juden und Repräsentanten der verhassten Republik an der Tagesordnung.

Erstarken und Wachstum

Bei ihrer Neugründung 1925 verfügte die SA über weniger als 4000 Mitglieder. Aber gerade ihr militärisches Erscheinungsbild und ihre zweifelsohne gegebene

Schlagkraft übten offenbar eine magische Anziehungskraft auf unzählige junge Männer ohne Zukunftsaussichten aus. Dies galt umso mehr, als die SA – neben den häufigen politisch motivierten Schlägereien – tatsächlich auch so etwas wie ein Programm zur Freizeitunterhaltung bot; und Freizeit war nun etwas, wovon viele Arbeitslose mehr hatten, als sie sich wünschen konnten. In Motorrad- oder Reiterstaffeln sowie in zahlreichen anderen Spezialeinheiten konnten sich die SA-Männer betätigen und gleichzeitig ihre Zeit mit politisch Gleichgesinnten verbringen. So stieg die Zahl der SA-Angehörigen selbst in der Phase der sogenannten Goldenen Zwanziger Jahre, also noch bevor die fatalen ökonomischen Auswirkungen des Schwarzen Freitags von 1929 auch in Deutschland wirklich spürbar wurden, auf über 60.000. Mit der Weltwirtschaftskrise und ihren Folgen für den deutschen Arbeitsmarkt schoss diese Zahl erneut in die Höhe. Als die NSDAP 1933 an die Macht kam, war die SA eine echte Massenorganisation geworden, in der 1934 über vier Millionen Männer organisiert waren.

Die sogenannte Machtergreifung sollte für die SA aber auch zum Scheidepunkt hinsichtlich ihres politischen Einflusses werden. Um es sich mit der Reichswehr nicht zu verscherzen, aber auch um sich ehemaliger Gefolgsleute, die nun missliebig geworden waren, zu entledigen, befahl Hitler im Juni 1934 die Ermordung der SA-Spitze. Die Organisation bleib danach zwar weiter bestehen, über politischen Einfluss verfügte sie jedoch nicht mehr.

Die SS

War die SA vor der sogenannten nationalsozialistischen Machtergreifung wichtig für die Verbreitung politischen Terrors gegen Andersdenkende, so übernahm nach 1933 eine ihrer Untereinheiten diese Funktion, die SS. Ursprünglich war die Organisation als – wenn man so will – defensive Ergänzung zur aggressiv-offensiven SA gegründet worden. Der SS war mit dem Schutz nationalsozialistischer Propagandakundgebungen, vor allem mit dem persönlichen Schutz des Parteiführers Adolf Hitler betraut worden. Daher rührte auch der Name, der sich hinter der Abkürzung SS verbirgt: Schutzstaffel. Seit 1929 wurde sie von ihrem Führer Heinrich Himmler (1900–45) immer mehr zu einer eigenständigen Organisation aufgebaut, die sich im Gegensatz zur SA nicht als Massen- sondern als Eliteeinheit der Partei verstand.

Eliteeinheit

Dies schlägt sich auch im Vergleich der Mitgliederzahlen nieder: Hatte die SA 1929 rund 70.000 Mitglieder, brachte es die SS nicht einmal auf 300 Mann. Sicherlich stieg aber auch die Angehörigenzahl der SS im Laufe der Jahre. Allerdings konnte man ihr nicht einfach beitreten. Vielmehr musste ein sogenannter Ariernachweis desjenigen, der der Organisation beizutreten wünschte, wie auch seiner Frau abgeliefert werden. Mit diesem sollte die Zugehörigkeit beider zur „arischen Herrenrasse" belegt werden und, um dies nachzuweisen, waren nicht selten umfangreiche familiengeschichtliche Studien notwendig. Darüber hinaus wurde der Aspirant auf seine ideologische Festigkeit im Sinne der nationalsozialistischen Weltanschauung geprüft. Seit 1931 wurde dies alles vom parteiinternen Rasse- und Siedlungshauptamt überwacht. Mit diesen Maßnahmen unterstrichen die SS-Oberen den Anspruch der von ihnen geführten Organisation, elitärer Bewahrer der nationalsozialistischen Rasseideologie und damit der – wie es hieß – „Reinheit des nordischen Blutes" zu sein.

Aufstieg

Faktisch aber war die SS zunächst einmal eine bedingungslos auf Hitler eingeschworene Parteipolizei, die dessen Befehle nicht zu hinterfragen hatte, sondern einfach nur ausführte – selbst wenn es dabei um die Ermordung von Parteigenossen ging. Erst 1934 wurde die SS dann eine eigenständige Parteiorganisation. Sie löste sich damit erst sehr spät von der SA, was sich nicht zuletzt darin niederschlug, dass SS und SA ganz ähnliche Binnenhierarchien und Ränge hatten. Allerdings war die Uniform der SS-Angehörigen nicht braun, sondern in bewusster Abgrenzung zu der der SA-Männer schwarz. Nicht zuletzt aus diesem Grund wurde die Organisation auch als „Schwarzer Orden" bezeichnet, womit aber nicht allein auf die Uniformfarbe verwiesen wurde. Denn der Begriff deutete darüber hinaus das Selbstverständnis der SS als einem auserlesenen verschworenen Ritterorden an. Das pseudoreligiöse Element,

SS-Chef Himmler und Hitler während einer Manöverbeobachtung

das in der SS immer stark vorhanden war, trat ganz besonders in den vorgeblich „nordischen Ritualen“ hervor, wie sie von Angehörigen dieser Organisation in ihren sogenannten SS-Weihestätten beispielsweise auf der Wewelsburg bei Paderborn veranstaltet wurden. Himmler selbst glaubte im Übrigen ernsthaft, der wiedergeborene deutsche Kaiser Heinrich I. (876–936) zu sein, der einst auf eben jener Burg residiert hatte. Aber so geschmacklos, fast albern und borniert der SS-Kult um Ehre, Ahnen, Blut etc. heute erscheinen mag, die SS-Angehörigen nahmen dies alles sehr ernst und fühlten sich in der Tat als auserwählte Herren, die auch das Recht hatten, über das Leben und den Tod anderer zu entscheiden.

Kontrolle der Konzentrationslager

Nach der Entmachtung der SA übertrug man der SS die Zuständigkeit für alle Konzentrationslager im Reich, wofür sie wiederum spezielle Einheiten schuf: die gefürchteten SS-Totenkopfverbände. Sie sollten nach Ausbruch des Weltkrieges auch in den osteuropäischen Vernichtungslagern ihren mörderischen Dienst verrichten und den Tod von Millionen Juden zu verantworten haben. Zugleich übernahm die Organisation ab 1936 immer mehr polizeiliche Aufgaben, womit vor allem die Verfolgung, Internierung und Ermordung von Gegnern des Nationalsozialismus gemeint ist. Damit hatte sich die SS von einer kleinen Untereinheit der SA zur mächtigsten Parteiorganisation der NSDAP entwickelt. Sie verbreitete Terror und Schrecken nicht mehr nur unter den Gegnern des Nationalsozialismus innerhalb der Grenzen des Deutschen Reichs, sondern auch unter der unterjochten Zivilbevölkerung aller Gebiete Europas, die von der Wehrmacht erobert und besetzt wurden.

Entgegen der landläufigen Meinung wurde den SS-Angehörigen im Übrigen nicht ihre SS-Nummer oder die Nummer ihrer Einheit, sondern ausschließlich ihre Blutgruppe auf den linken inneren Oberarm tätowiert – ein auffälliges „Kainsmal“, dessen sich nicht wenige nach 1945 zu entledigen versuchten. Denn bei Kriegsende erklärten die siegreichen Alliierten die SS zu einer „verbrecherischen Organisation“, womit auch alle SS-Angehörigen als Verbrecher angesehen wurden.

Der SD

Die Erfüllung von polizeilichen Aufgaben wurde innerhalb der SS in erster Linie als Bekämpfung von – wie es hieß – „Gesinnungsgegnern des Nationalsozialismus und rassischen Feinden des deutschen Volkes“ verstanden. Ange-

Heinrich Himmler

Heinrich Himmler

Der in Bayern aufgewachsene Lehrersohn Heinrich Himmler (1900–45) entscheidet sich unmittelbar nach seinem „Notabitur" von 1917, also noch während des Ersten Weltkrieges, dafür, die Offizierslaufbahn bei der Marine einzuschlagen. Zwar wird der 17-Jährige dort wegen seiner starken Sehschwäche abgelehnt, doch das baldige Kriegsende bedeutet so oder so auch das Ende von Himmlers militärischen Karriereträumen. Nach 1918 gerät der junge Mann, der in einem nationalistischen, streng konservativen und antisemitischen Umfeld großgeworden ist, dann sehr bald in den Bannkreis von Organisationen, in denen seine Träume von der „Züchtung einer menschlichen Herrenrasse" nicht nur belächelt, sondern ernst genommen und sogar bestärkt werden. Schließlich wird Himmler Mitglied der NSDAP und beteiligt sich 1923 am fehlgeschlagenen Hitler-Putsch in München. 1929 ernennt ihn Hitler persönlich zum Reichsführer der SS, die er konsequent zu einer Organisation mit wichtigen parteipolizeilichen Befugnissen aufbaut. Nach der sogenannten Machtergreifung 1933 betreibt Himmler dann als Leiter der politischen Polizei die Verfolgung von Oppositionellen und initiiert den Massenmord an den europäischen Juden. 1945 gerät er in britische Gefangenschaft und begeht Selbstmord.

sichts des propagierten Antisemitismus galt die Frage, wo der „rassische Feind" steht, von vornherein als beantwortet. Schwieriger jedoch war es herauszubekommen, welchem politischen Gegner sich die nationalsozialistische Führungsclique gegenübergestellt sah. Da der Nationalsozialismus nämlich politisch recht unterschiedlich gepolten Personen ein Dach bot, musste man nicht allein die offensichtlichen Gegner beispielsweise aus SPD und KPD kennen und bekämpfen. Auch innerhalb der eigenen Reihen war man stetig darum bemüht, jegliche Opposition gegen die von der NS-Führung ausgegebenen Leitlinien auszumerzen. Hierzu fehlte zunächst noch ein effektives Instrumentarium, das der Bespitzelung entsprechend verdächtiger Kreise zu dienen vermochte.

Aus diesem Grund ordnete der Reichsführer SS Himmler die Einrichtung eines sogenannten Sicherheitsdienstes der NSDAP, kurz SD, an. Unter der Leitung von Reinhard Heydrich (1904–

42) entwickelte sich diese Organisation zu einem der Nachrichtendienste der NSDAP. SD-Angehörige spionierten gegnerische Parteien, Gewerkschaften und andere politische Organisationen ebenso aus wie vermeintliche Vertreter der innerparteilichen Opposition. In der Wahl der Mittel war man nicht weiter zimperlich, Mord und Folter waren an der Tagesordnung.

Machtausbau

Ähnlich wie die SS gewann auch der SD nach 1933 wesentlich an Bedeutung hinzu. Zunächst wurden andere kleinere und mit ähnlichen Aufgaben betraute Parteiorganisationen unter dem Dach des SD zusammengefasst. Die Organisation wuchs aber auch darüber hinaus. Denn seit die Nationalsozialisten an der Macht waren, verwischten aus Sicht des Regimes die Grenzen zwischen Staats- und NS-Gegnern zusehends: Wer gegen die Partei war, galt auch als Staatsfeind und musste bekämpft werden. Damit wurde aus dem SD immer mehr eine halbstaatliche Organisation. Wie für Parteiendiktaturen typisch, waren die Grenzen zwischen Staat und Partei somit kaum mehr auseinanderzuhalten. Das Ganze wurde auch dadurch unterstützt, dass Himmler seit 1936 nicht mehr nur allein als Führer der Parteiorganisation SS, in die der SD ja nach wie vor integriert blieb, sondern auch als Chef der deutschen Polizei fun-

! Reinhard Heydrich

Reinhard Heydrich

Reinhard Heydrich (1904–42) erbt zwar von seinem Vater die musikalische Begabung, strebt aber nach seinem Abitur 1922 keine musikalische, sondern eine militärische Karriere an. Zugleich hat Heydrich schon früh Kontakt zu antisemitischen und nationalistischen Kreisen. Obgleich er erst 1931 in die SS eintritt, gelingt ihm dort eine steile Karriere: Noch im selben Jahr beginnt er mit dem Aufbau des SD, dessen Leiter er im Jahr darauf wird. Nach Kriegsbeginn übernimmt er Aufgaben in der besetzten Tschechoslowakei, wo er 1942 einem Bombenattentat zum Opfer fällt. Schon seit 1941 ist es Heydrich, der die sogenannte Endlösung der Judenfrage detailliert plant. Dahinter verbirgt sich die systematische Ermordung der europäischen Juden. Wie kaum ein anderer Repräsentant des nationalsozialistischen Regimes verkörpert Reinhard Heydrich den brutal-technokratischen Charakter dieses Systems.

gierte. Ähnliches galt auch für den ihm unterstellten SD-Chef Heydrich, der zum Leiter der neugeschaffenen staatlichen Behörde Gestapo (Geheime Staatspolizei) avancierte.

Aufgaben und Struktur

In diesem eng gewobenen Spionagegefüge ermittelte der SD die Informationen über vermeintliche oder auch wirkliche Gegner des Regimes; die Staatsbehörde Gestapo kümmerte sich dann um deren Bekämpfung. Zugleich rückte auch die Durchsetzung des antisemitischen Programms der NSDAP und damit die Terrorisierung der jüdischen Bevölkerung in den „Arbeitsmittelpunkt" des SD. Um seine Aufgaben zu erfüllen, operierte der SD mit einem ausgedehnten Spitzel- und Informationssystem: Neben über 6000 hauptamtlichen Mitarbeitern sammelten mehr als 30.000 sogenannte Vertrauensleute des SD Informationen über die Zivilbevölkerung. Diese inoffiziellen Mitarbeiter gaben die Ergebnisse ihrer eigenen Recherchen im Nachbarschafts-, Freundes-, Kollegen-, ja sogar im Verwandtenkreis an die Organisation weiter, wo sie dann ausgewertet und von wo aus sie schließlich gegebenenfalls zur Gestapo übermittelt wurden.

Nach Kriegsbeginn wurde das Operationsgebiet des SD auf die von der Wehrmacht besetzten Gebiete ausgedehnt. Die SD-Angehörigen waren nunmehr auch an der Terrorisierung und Ermordung von Millionen Menschen in ganz Europa beteiligt. Der SD wurde schließlich in eine neue staatliche Organisation integriert, das Reichssicherheitshauptamt (RSHA), das – wie nicht anders zu erwarten – wiederum Heydrich unterstand. Die Vermischung von Staats- und Parteiorganisationen war damit im Spionagebereich abgeschlossen.

Die Hitlerjugend

Jugendbünde hat es schon seit Beginn des 20. Jhs. gegeben. Und gerade die 1920er-Jahre waren in Deutschland geprägt von einer Vielfalt solcher Bünde. Viele von ihnen waren kirchlich gebunden, viele aber auch parteipolitisch oder gewerkschaftlich. Im Grunde kann man sagen, dass nahezu jede Partei der Weimarer Republik über eine eigene Jugendorganisation verfügte. Sie halfen dabei, Parteinachwuchs zu rekrutieren, gleichzeitig holten sie auch die Kinder von Parteimitgliedern oder -anhängern von der Straße und boten ihnen neben politischer Schulung vor allem zahlreiche Möglichkeiten der Freizeitgestaltung. Daneben gab es zahlreiche konfessionell oder parteipolitisch ungebundene Pfadfinder- oder Wandervogelbünde. Insofern war die 1926 gegründete Hitlerjugend (HJ) nichts Besonderes. Nicht einmal die Uniformierung der organisierten Jugendlichen, das mehr oder weniger militärische Zeremoniell, die Fahrten, Flaggen, Zeltlager und sportlichen Wettbewerbe zeichneten die HJ als eine herausgehobene Organisation aus, denn all diese Elemente fanden sich auch in anderen Jugendbünden.

Wachsende Bedeutung

Tatsächlich war die HJ sogar bis 1933 im Vergleich zu Organisationen wie der Freideutschen Jugend oder den verschiedenen Wandervögeln geradezu unbedeutend. Was sie nach 1933 dann buchstäblich einzigartig machte, ist die Tatsache, dass sie nunmehr zur einzigen Jugendorganisation des Dritten Reichs avancierte. Alle anderen Gruppen – nicht nur die politischen, sondern auch die kirchlichen, gewerkschaftlichen und die gänzlich ungebundenen – wurden nämlich verboten. Mit anderen Worten: Ab 1933 gab es nur noch eine legale Organisation, in der Jugendliche ihre Freizeit verbringen konnten – und dies war die HJ. Noch war die Mitgliedschaft aber freiwillig, doch dies änderte sich schließlich 1936, als die Zugehörigkeit in der HJ für jeden Jugendlichen zur Pflicht wurde. Und tatsächlich waren ab diesem Zeitpunkt nahezu alle Jugendlichen in der HJ organisiert: Hatte die Hitlerjugend noch 1932 nicht einmal 100.000 Mitglieder gezählt, so waren es 1939 rund neun Millionen.

Wie schon zuvor die nunmehr verbotenen Jugendbünde, bot auch die HJ mit ihren Zeltlagern und Umzügen, ihren Fahrten, Märschen und Paraden oder auch ihren Heimabenden vielen Jugendlichen die Möglichkeit, die schulfreie Zeit außerhalb ihrer Familien zu verbringen. Insofern war selbst die erzwungene Mitgliedschaft für viele HJ-Angehörige nicht einmal unattraktiv. Und wie in Jugendbünden üblich, war es auch bei der Hitlerjugend besonders interessant, dass die unmittelbare Führung wiederum von Jugendlichen übernommen wurde: „Jugend führt Jugend" – dies galt als Grundprinzip der Organisation. An der Spitze der formal der SA unterstellten Organisation standen allerdings Erwachsene – lange Zeit war dies Baldur von Schirach (1907–74), während des Krieges dann Arthur Axmann (1913–96).

Unterorganisationen

Die Hitlerjugend umfasste insgesamt fünf Unterorganisationen: Die eigentliche HJ, in die die 14–18-jährigen Jungen kamen, und das Deutsche Jungvolk (DJ) für die 10–14-Jährigen. Für Mädchen und junge Frauen gab es drei Unterorganisationen: den Jungmä-

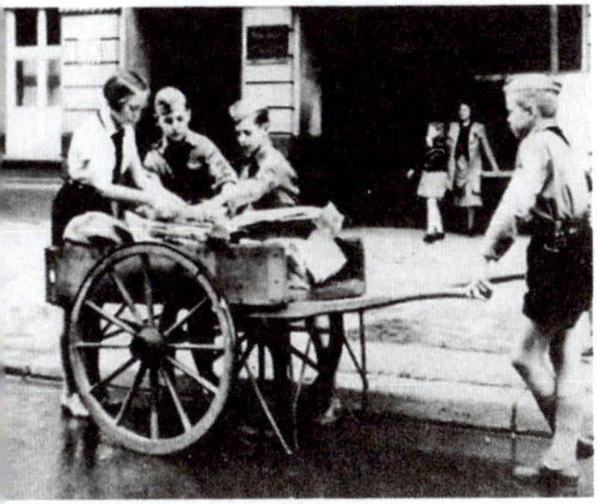

Mitglieder des Deutschen Jungvolks

delbund (JM), den BDM (Bund Deutscher Mädel) und das BDM-Werk Glaube und Schönheit.

Das Regime versprach sich von der Arbeit der HJ zunächst einmal die Erziehung der Kinder und Jugendlichen im Sinne der nationalsozialistischen Ideologie. Man ging davon aus, dass diejenigen, die diese außerschulische Erziehung durchlaufen hatten, mustergültige Nationalsozialisten geworden waren. Und folgerichtig sollte auch jedes HJ-Mitglied, das das 18. Lebensjahr erreicht hatte, in einem feierlichen Akt in die NSDAP aufgenommen werden. Wurden die Mädchen darüber hinaus auf ihren – wie es so schön hieß – „Dienst als deutsche Hausfrau und Mutter" vorbereitet, so fand sich bei der Jungenerziehung ein immer stärker werdendes paramilitärisches Element: Die Jungen wurden schlicht zu Soldaten ausgebildet, die dann ab 1939 auch dringend gebraucht wurden.

! Baldur von Schirach

Der 18-jährige Baldur von Schirach (1907–74) begegnet Hitler erstmals im Haus seiner Eltern und ist diesem – nach eigenem Bekunden – vom ersten Moment an verfallen. Umgehend wird Schirach, der sich selbst als Schöngeist versteht, Mitglied in der NSDAP. Danach beginnt er ein geisteswissenschaftliches Studium und wird, obgleich er es nicht erfolgreich abschließt, 1928 Führer des Nationalsozialistischen Deutschen Studentenbundes (NSDStB). Als Reichsjugendführer und Chef der Hitlerjugend will er dann nach 1933 erklärtermaßen „der Priester des nationalsozialistischen Glaubens" sein. Doch die brutale Vernichtungs- und Ausrottungspolitik erschrecken ihn nachhaltig. 1943 wagt er es, gegenüber Hitler Kritik zu üben und fällt dafür in Ungnade. Nach Kriegsende ist Schirach einer der ganz wenigen nationalsozialistischen Führungspolitiker, die sich schuldig bekennen. In Nürnberg wird er zu einer 20-jährigen Haftstrafe verurteilt.

Der Aufbau und Ausbau des nationalsozialistischen Regimes in Deutschland

Nachdem die von Reichspräsident Paul von Hindenburg (1847–1934) einberufenen Regierungen der Kanzler Franz von Papen (1879–1969) und Kurt von Schleicher (1882–1934) kurz nacheinander an inneren Zwistigkeiten und an mangelnder Unterstützung aus dem Reichstag gescheitert waren, war es am 30. Januar 1933 erneut Hindenburg, der nach zähen Verhandlungen eine neue Regierung bestellte. Auch wenn am Abend dieses Tages braune SA-Kolonnen mit Fackelzügen durch Berlin zogen und die „Machtergreifung" der Nationalsozialisten feierten, ist eben dies bereits die erste Propagandalüge des selbst ernannten „Dritten Reichs".

NS-Fackelzug am 30. Januar durch das Brandenburger Tor

Die „Machtergreifung"

Zum einen ergriffen nicht die Nationalsozialisten die Macht, man servierte sie ihnen vielmehr auf dem Silbertablett. Zum anderen war Hitler (1889–1945) zwar zum Reichskanzler ernannt worden, seine Regierung aber war zunächst noch alles andere als nationalsozialistisch dominiert: Faktisch stellte die NSDAP neben dem Kanzler mit Reichsinnenminister Wilhelm Frick (1877–1946) und Hermann Göring (1893–1946) als Minister ohne Geschäftsbereich nur zwei weitere Regierungsmitglieder. Die übrigen Angehörigen des Kabinetts waren parteilos oder gehörten der Deutschnationalen Volkspartei (DNVP) und der Zentrumspartei an. Doch wieso kamen Hindenburg und die Konservativen in seinem Umfeld überhaupt auf die

Idee, den offenbar radikalen Hitler zum Reichskanzler zu berufen? Hier sind drei Gründe zu nennen: Erstens stellten die Nationalsozialisten die stärkste Reichstagsfraktion und der Untergang der beiden letzten Kabinette hatte gezeigt, dass eine Regierung gegen die NSDAP bzw. ohne nationalsozialistischen Kanzler kaum zu gestalten war. Zum Zweiten glaubten die meisten Konservativen fest daran, dass sich die radikalen Kräfte durch ihre Einbindung in die Regierung „zähmen" oder „besänftigen" ließen, dass also die Regierungsbeteiligung sie entradikalisieren werde. Und zum Dritten fürchtete man in diesen Kreisen kaum etwas mehr als eine weitere Destabilisierung des Deutschen Reichs, die dann möglicherweise die Kräfte am linken Rand des politischen Spektrums hätte erstarken lassen können: In dieser Hinsicht erschienen Hitler und seine Partei als das weitaus kleinere Übel.

Radikale Maßnahmen

Obgleich also der 30. Januar 1933 nicht gleichbedeutend war mit der Übernahme sämtlicher Regierungsgeschäfte durch Hitler und seine Nationalsozialisten, so sollten doch die kommenden Wochen und Monate zeigen, wie fatal die Entscheidung war, ihnen überhaupt Regierungsverantwortung zu übertragen. Denn unter Wahrung des Scheins gesetzmäßigen Handelns und unter fadenscheinigsten Begründungen begannen die Nationalsozialisten nun damit, Schritt für Schritt die Opposition auszuschalten und sich die Macht in Deutschland innerhalb nur eines Jahres vollständig anzueignen.

Zunächst einmal überraschte Hitler nur zwei Tage nach seiner Ernennung zum Reichkanzler mit der Auflösung des Reichstags, womit erneut Neuwahlen anstanden. Der nun folgende Wahlkampf war vollständig gekennzeichnet vom nationalsozialistischen Terror vor allem gegen SPD und KPD. Deren Anhänger und Mitglieder wurden nicht nur schikaniert und verfolgt, sie wurden auch in Lagern interniert, wo sie von Mitgliedern der SA, inzwischen sogar von Staats wegen zur Hilfspolizei ernannt, brutal misshandelt wurden. Überall in Deutschland entstanden solche „wilden" Folterzentren. Um

Internierte sozialdemokratische Politiker

Paul von Hindenburg

Paul von Hindenburg

Paul von Hindenburg (1847–1934), aufgewachsen im typischen konservativ-adeligen Milieu des deutschen Nordostens, schlägt – der Familientradition folgend – schon früh eine militärische Laufbahn ein. 1911 verlässt er als General die Armee, wird aber angesichts des beginnenden Weltkriegs reaktiviert. Durch seinen Sieg bei Tannenberg wird er der volkstümlichste aller Heerführer des Ersten Weltkrieges. 1916 überträgt man ihm die Oberste Heeresleitung und als oberster Militär muss er schließlich die Niederlage Deutschlands einräumen. Nach der Gründung der Weimarer Republik stellen die Konservativen Hindenburg gegen dessen ausdrücklichen Willen 1925 als Kandidaten für die Wahl des Reichspräsidenten auf. Dank seiner Popularität wird er gewählt und bei den Wahlen von 1932 sogar im Amt bestätigt. Obgleich Hindenburg nie ein Hehl daraus macht, dass er eigentlich Monarchist sei und die Rückkehr zum alten Kaiserreich wünsche, hält er sich als Präsident bis zu seinem Tod 1934 an die Verfassung von Weimar.

der Masse politischer Gefangener Herr zu werden, wurden in Dachau bei München und in Oranienburg bei Berlin dann auch die ersten „offiziellen“ Konzentrationslager errichtet. Offiziell firmierte dies alles unter dem Motto „Kampf dem Marxismus“, die illegale Gefangennahme von Oppositionskräften nannte man „Schutzhaft“. Inoffiziell war aber klar: Es ging um nichts Geringeres als um die Ausschaltung jeglicher Opposition.

Der Reichstagsbrand

Als am 27. Februar, also gerade einmal vier Wochen nachdem Hitler zum Kanzler ernannt worden war, der Reichstag aufgrund einer Brandstiftung in Flammen aufging, bot sich den Nationalsozialisten eine Gelegenheit, auf die sie nur gewartet hatten, um sich die Macht im Reich vollends anzueignen. Zwar wurde der Brandstifter, der Niederländer Marinus van der Lubbe (1909–34), noch in den Trümmern des brennenden Parlamentsgebäudes von der Polizei gefasst. Obgleich er aber zugab, den Brand als Einzeltäter gelegt zu haben, um die deutsche Arbeiterschaft zum Widerstand gegen Hitler zu bewegen, gaukelten die Nationalsozialisten den Deutschen vor, der Reichstagsbrand sei nur

die Spitze eines Eisbergs. Hinter ihm verberge sich – so die nationalsozialistische Propaganda – eine umfassende kommunistische Verschwörung.
Der inzwischen zum preußischen Innenminister avancierte Nationalsozialist Hermann Göring bekundete wider besseren Wissens öffentlich, Nachforschungen seiner Polizei hätten ein umfassendes Komplott aufgedeckt: Die KPD plane, Deutschland durch Anschläge derart zu destabilisieren, um das Land für eine sozialistische Revolution nach russischem Vorbild vorzubereiten. Das alles waren Lügen, was sich auch im Prozess gegen die vermeintlichen Brandstifter zeigte. Denn außer van der Lubbe konnte keinem der anderen angeklagten Kommunisten – darunter befand sich auch der Vorsitzende der KPD Ernst Torgler (1893–1963) – eine direkte oder indirekte Beteiligung an der Tat nachgewiesen werden. Vier der fünf Angeklagten mussten also freigesprochen werden, was nicht zuletzt zeigte, dass sich zu diesem Zeitpunkt die deutsche Justiz noch nicht von den regierenden Nationalsozialisten in ihre Urteile pfuschen ließ.

Verschärfung der Repressalien

Aber die bösartige Propaganda und die weit verbreitete Furcht vor der kommunistischen Ver-

Der Berliner Reichstagsbrand

schwörung erlaubten es den Nationalsozialisten, die bereits begonnene Hatz auf Sozialdemokraten und Kommunisten zu intensivieren. Schon einen Tag nach dem Brand hatte Hitlers Regierung auf Grundlage von Artikel 48 der Weimarer Verfassung eine sogenannte Notverordnung, die *Reichstagsbrandverordnung* verabschiedet, die etliche der verfassungsmäßig zugestandenen Grundrechte abschaffte und die bis 1945 in Kraft blieb. Vorgeblich diente diese Verordnung der „Abwehr kommunistischer Gewaltakte“, faktisch verhängte sie den Ausnahmezustand. Sie erlaubte es, kritische Medien zu verbieten, und legalisierte die beweis- und begründungsfreie Internierung von Gegnern des Nationalsozialismus. Dazu kam, dass die in der Verfassung von Weimar vorgesehene bundesstaatliche Struktur des Deutschen Reichs mit dem Erlass der Reichstagsbrandverordnung zunichte gemacht wurde. Hitler hielt nicht viel von dezentraler Bundesstaatlichkeit und strebte an, das Deutsche Reich zentral von Berlin aus zu regieren. Dazu war man nun auf dem besten Wege.

Die völlige Demontage der ersten deutschen Demokratie hatte also knapp einen Monat nach Hitlers Ernennung zum Reichskanzler nicht nur schon begonnen, sie lief bereits auf vollen Touren. Die vollständige Zerschlagung des Weimarer Modells zugunsten der Errichtung einer Einparteiendiktatur war nur noch eine Frage der Zeit.

? Schon gewusst?

Notverordnungen sind für die letzten Regierungen der Weimarer Republik das Mittel der Wahl, wenn es darum geht, das Land überhaupt noch zu regieren. Diese Regierungen verfügen über keine stabilen Mehrheiten im Reichstag, sind auch nicht von ihm gewählt, sondern vom Reichspräsidenten bestellt. Deswegen bezeichnet man sie auch Präsidialkabinette. Ohne parlamentarische Mehrheiten aber können in der Weimarer Republik keine Gesetze verabschiedet werden. Um solchen Regierungen in Notzeiten überhaupt noch einen gewissen Handlungsspielraum zu schaffen, sieht die Weimarer Verfassung im Art. 48 das Instrument der „Notverordnungen“ vor: Dies sind gesetzesähnliche Regierungsmaßnahmen, die nicht vom Parlament abgesegnet werden müssen. Insbesondere die kurzlebigen Präsidialkabinette unter den Kanzlern Brüning (1885–1970), von Papen (1879–1969) und Schleicher (1882–1934) nutzen dieses Mittel häufig. Und auch die Regierung Hitler – ebenfalls ein Präsidialkabinett – missbraucht es, um seine Macht zu festigen.

Die Wahlen vom 5. März 1933

Die Nationalsozialisten rechneten nach der Auflösung des Parlaments fest damit, bei der auf den 5. März 1933 angesetzten Reichstagswahl die absolute Mehrheit zu erringen – nicht allein wegen ihres Programms, sondern auch wegen der von ihnen betriebenen brutalen Verfolgung und Unterdrückung politischer Gegner. Der Wahlkampf von SPD und KPD musste nämlich bereits aus dem Exil oder aus dem Untergrund organisiert werden. Mitglieder dieser Parteien, die auf offener Straße Wahlkampf betrieben, liefen stets Gefahr, von SS- oder SA-Männern, die ja inzwischen offiziell als

„Hilfspolizisten“ fungierten, aufgegriffen, interniert und gefoltert zu werden.
Hinzu kam das hohe Maß an übelster Propaganda, mit der die beiden Parteien und deren Anhänger bekämpft wurden. In nationalsozialistischen Flugblättern wurde immer wieder die Lüge verbreitet, der Reichstag sei einem „Bündnis von Kommunisten und Sozialdemokraten“ zum Opfer gefallen und bald werde das ganze Reich brennen und untergehen, käme diese Allianz an die Macht. Nach 1945 sollte man aber wissen, wer wirklich für den Untergang des Deutschen Reiches gesorgt hatte.

Missachtung des Wahlergebnisses

Aber auch schon 1933 ahnte der ein oder andere Wähler, was Deutschland von einer nationalsozialistischen Regierung zu erwarten hatte: Die Wahlen brachten der NSDAP nur rund 44 %, sie erbrachten also nicht die absolute Mehrheit und damit auch nicht den gewünschten Erfolg. Stattdessen konnten sich neben der katholischen Zentrumspartei trotz widrigster Umstände tatsächlich auch SPD und KPD behaupten.
Für die Nazis war dieses Ergebnis zwar ein Ärgernis, letztlich aber bloß Makulatur, man hielt ja sowieso nichts von der Parteiendemokratie. So konnten schließlich die neugewählten KPD-Abgeordneten nicht einmal ihre Arbeit als Parlamentarier aufnehmen: Diejenigen, die dies versuchten, wurden noch vor dem Reichstag abgeführt und gefangen gesetzt, ihr Reichstagsmandat hatte man ihnen schon vorher entzogen. Auch die SPD-Fraktion sollte kaum noch Gelegenheit zu politischer Arbeit haben, denn die Nationalsozialisten verboten die Partei und kriminalisierten deren Mitglieder nur drei Monate nach der Wahl.

Der Tag von Potsdam

Der linken Opposition hatten sich die Nationalsozialisten mit der *Reichstagsbrandverordnung* weitgehend entledigt. Blieb also das Problem, wie man mit den Konservativen umgehen sollte, von denen viele auch noch nicht auf nationalsozialistischen Kurs gebracht worden waren. Um diese von Hitler und der Richtigkeit der von ihm eingeschlagenen Politik zu überzeugen, dachte sich die Propagandaabteilung der NSDAP und allen voran der ins Amt des Reichsministers für Volksaufklärung und Propaganda berufene Joseph Goebbels (1897– 1945) eine ganz besondere „Vorstellung“ aus. Da das neu gewählte Parlament wegen des Brandes des Reichstagsgebäudes nicht wie gewohnt zu seiner ersten Sitzung in diesem zusammentreten konnte, verlegte er die für den 21. März 1933 geplante Parlamentseröffnung kurzerhand in die Garnisonskirche von Potsdam. Dies war eine Art „preußisches Heiligtum", das wie kaum ein anderer Ort die Pracht vergangener Zeiten symbolisierte. Goebbels inszenierte den sogenannten Tag von Potsdam aber auch über die Wahl des Ortes hinaus äußerst geschickt. Als sich Hitler mit bürgerlichem Frack statt der üblichen braunen Uniform bekleidet vor dem greisen Reichspräsidenten Paul von Hindenburg (1847–1934), der die Uniform eines kaiserlichen Generalfeldmarschalls trug, tief verneigte, waren viele Konservative mit dem Regime versöhnt. Hitler erweckte ganz bewusst den Eindruck, als sei das nun anbrechende Dritte Reich legitimer Nachfolger des untergegangenen Kaiserreichs, als werde es dessen Werte weitertragen und dessen Politik fortsetzen. „Altes und neues Deutschland" seien nun – wie es in den Zeitungen am Tag darauf hieß – „friedlich vereint". Wie wenig sich Hitler aber um die Interessen und Wünsche der Konservativen wirklich scherte, sollte er nur kurze Zeit später unter Beweis stellen.

Hitler, Hindenburg und Göring während des Tages von Potsdam

Das Ermächtigungsgesetz

Seitens der Nationalsozialisten war das Interesse daran, sich dauerhaft die Macht in Deutschland mit konservativen Parteien wie der DNVP (Deutschnationale Volkspartei) oder gar den Bürgerlichen vom Zentrum zu teilen, äußerst gering. Das zeigte sich nur zwei Tage nach dem Tag von Potsdam. Am 23. März nämlich legte Hitler dem Reichstag ein Gesetz zur Abstimmung vor, das die völlige Entmachtung des Parlaments bedeutete. Das Gesetz hatte den Titel *Gesetz zur Behebung der Not von Volk und Reich*, ist aber besser bekannt als sogenanntes *Ermächtigungsgesetz*. Es sah vor, dass die Regierung von nun an dazu befugt sein sollte, Gesetze ohne jegliche Zustimmung des Reichstags und ohne Gegenzeichnung des Reichspräsidenten zu erlassen. Folglich wurde das bisher verwendete Instrument der Erlassung von Notverordnungen hier zum legitimen Mittel der Gesetzgebung gemacht. Bedenkt man, dass die Reichstagswahlen der NSDAP nicht die absolute Mehrheit gebracht hatten, wird deutlich, wie wichtig dieser Schritt für die Nationalsozialisten war, um ihre bereits gewonnene Macht weiter auszubauen. Aus diesem Grunde ließ die Parteispitze der NSDAP auch gar keinen Zweifel daran, dass sie mit allen Mitteln bereit war, das *Ermächtigungsgesetz* im Notfall auch mit Gewalt im Parlament durchzusetzen.

Einschüchterungsversuche

Noch vor der Stimmabgabe marschierten daher plötzlich SA-Einheiten im Parlamentssaal auf, um die noch nicht überzeugten Parlamentarier einzuschüchtern und von einem negativen Votum abzuhalten – und das mit dem gewünschten Erfolg. Da den KPD-Abgeordneten ja bereits vor der Abstimmung ihr Mandat entzogen worden war, waren es schließlich einzig die Abgeordneten der SPD, die es wagten, gegen die Gesetzesvorlage zu stimmen. Ihr Parteivorsitzender Otto Wels (1873–1939) hielt mit seiner mutigen und imponierenden Erklärung, in der er sich offen zur Demokratie bekannte, die letzte oppositionelle und freie Rede in einem deutschen Parlament bis 1945. Mit der Verabschiedung des *Ermächtigungsgesetzes* entmachtete sich der Reichstag schließlich selbst. Seine Abgeordneten sollten in den Jahren bis 1945 nur noch eine Rolle zu spielen haben: die von willfährigen Beifallspendern.

Die Bücherverbrennung

Mit einer ebenso großen wie schauerlichen Aktion zeigte das nationalsozialistische Regime im Mai 1933 auch, was sie künftig unter Kultur und Kulturpolitik zu verstehen gedachte. Auf Anweisung von Propagandaminister Joseph Goebbels (1897–1945) – immerhin ein promovierter Geisteswissenschaftler – fanden am 10. Mai 1933 in vielen deutschen Universitätsstädten Bücherverbrennungen statt. Sie waren natürlich kein Ausdruck spontaner Empörung, sondern vielmehr Bestandteil einer groß angelegten geplanten Operation mit dem Titel „Wider den undeutschen Geist“. In ihrem Verlauf sollten Werke missliebiger Künstler aus privatem wie öffentlichem Besitz entfernt werden. So brannten an diesem

Nationalsozialistische Studenten während der Bücherverbrennung

10. Mai die Bücher zahlreicher namhafter deutscher Wissenschaftler, Dichter und Literaten. Darunter befanden sich Werke von Karl Marx (1818–83), Heinrich Heine (1797–1856), Sigmund Freud (1856–1939), Heinrich (1871–1950) und Thomas Mann (1875–1955), Bertolt Brecht (1898–1956), Erich Kästner (1899–1974) und Kurt Tucholsky (1890–1935). Jedem dürfte aber klar gewesen sein, dass angesichts der hohen Auflagen, in denen die Werke dieser Autoren erschienen waren, die vollständige Vernichtung und Austilgung der entsprechenden Bücher kaum möglich war. Insofern waren die Bücherverbrennungen vor allem hochsymbolische Akte, mit denen die Nationalsozialisten ihre kulturelle Intoleranz unterstrichen: Gut war, was sie für gut befanden, der Rest kam auf „schwarze Listen“ und war damit verboten. Schon 1934 standen über 3000 Buchtitel auf diesem Index. Wo man ihrer habhaft werden konnte, wurden sie aus den Buchhandlungen und Bibliotheken entfernt und vernichtet.

! Julius Streicher

Für die nationalsozialistische Propaganda ist vor allem ein Mann zuständig: Julius Streicher (1885–1946). Der Lehrer wird schon früh Mitglied der NSDAP und nach dem Putschversuch von 1923 aus dem Schuldienst entlassen. Streicher beginnt daraufhin, ein Zeitungsimperium zu errichten, das er nach 1933 durch die Enteignungen jüdischen Besitzes immer weiter ausbaut. Mit der Zeitschrift *Der Stürmer* etabliert er eines der primitivsten rassistischen Hetzblätter. Hier wird mit Skandalgeschichten Propaganda betrieben. Das beliebteste Bild, das im *Stürmer* in immer neuen Geschichten verbreitet wird, ist das des Juden als perversem Verführer halbwüchsiger deutscher Mädchen und Jungen. Schließlich stolpert der bis dahin unter dem besonderen Schutz Hitlers stehende Streicher aber über seine eigenen sexuellen Eskapaden und verliert an politischer Macht. Nach Kriegsende taucht Streicher zunächst unter, wird aber gefasst, in Nürnberg zum Tode verurteilt und hingerichtet.

Der Einparteienstaat

Hitler hatte schon vor 1933 immer wieder öffentlich erklärt, dass er innenpolitisch vor allem ein Ziel verfolge: die Zerschlagung der Parteien und damit der Demokratie in Deutschland. Demokratischer Pluralismus, die Akzeptanz anderer Meinungen, die Probleme bei der Regierungsbildung, die Vielzahl der Parteien und die Brei-

Hitler nimmt eine Parade ab

te des Parteienspektrums, die jedem Einzelinteresse zu politischem Gehör verhalf: All dies stand dem von den Nationalsozialisten propagierten Ziel einer homogenen „Volksgemeinschaft“ diametral entgegen. Zunächst wurden aber nach der „Machtergreifung“ die unmittelbaren politischen Gegner von SPD und KPD ausgeschaltet. Die SPD wurde schließlich auch offiziell zur volks- und staatsfeindlichen Organisation erklärt und verboten. Was blieb, waren die bürgerlichen, konservativen und nationalistischen Parteien, die nach wie vor im Reichstag vertreten waren. Der sollte zwar bald schon entmachtet sein, aber die Parteien verfügten auch über eigene Parteizeitungen und ein weites Netz von Unterorganisationen, über das die NSDAP keine Kontrolle hatte. Und genau dies war den Nationalsozialisten ein Dorn im Auge. Aus diesem Grund begannen sie damit, alle Parteien zu schikanieren – und dies mit einigem Erfolg. Aus Sorge um die eigene Zukunft kam es nach der Wahl vom März 1933 zu Massenübertritten in die NSDAP. Schließlich kamen die Parteien Ende Juni 1933 dem Sturz in die Bedeutungslosigkeit durch Mitgliederverlust, vor allem aber durch das erwartete Parteienverbot zuvor und lösten sich in vorauseilendem Gehorsam auf. Mit der freundlichen oder erzwungenen Unterstützung konservativer und bürgerlicher Kreise war es der NSDAP so innerhalb kürzester Zeit gelungen, aus der freien und offenen Weimarer Republik einen Einparteienstaat zu machen.

Das Ende der Gewerkschaften

Was nach der Zerschlagung und dem Verbot der linken Opposition, der Selbstentmachtung des Reichstags und der Selbstauflösung der bürgerlichen und konservativen Parteien anstand, war die Zerschlagung der großen parteipolitisch unabhängigen Gewerkschaften. Zwar standen der ADGB (Allgemeiner Deutscher Gewerkschaftsbund) und seine Unterorganisationen traditionell den linken Parteien nahe, seine führenden Vertreter erklärten aber nach der nationalsozialistischen Machtübernahme vorsichtig, man wolle politische Neutralität wahren. Und so machte die Gewerkschaft auch mit, als die nationalsozialistische Führung den 1. Mai zum Feiertag erklärte, und forderte die Arbeiterschaft auf, gemeinsam mit der Regierung und den Vertretern der NSDAP den „Tag der nationalen Arbeit zu begehen“. Sie rief ihre Mitglieder auf, den offiziellen Kundgebungen beizuwohnen, und fast konnte man den Eindruck gewinnen, hier wäre es nun zum überraschenden Schulterschluss von Gewerkschaft und NSDAP gekommen. Schlichte Angst bewegte die der Sozialdemokratie zuneigenden und auch selbst vom Terror des nationalsozialistischen Pöbels betroffenen Gewerkschaftsfunktionäre zu einer solchen Politik. Man wollte sich irgendwie durchlavieren und hoffte, die Gewerkschaften als offizielle Arbeitnehmervertreter auch unter der nationalsozialistischen Herrschaft weiterführen zu können, indem man sich an die Gegebenheiten des Regimes anpasste. Das allerdings war ein Trugschluss, wie man nur einen Tag später, am 2. Mai 1933, feststellen konnte. An diesem Tag nämlich besetzen Kommandos von SS und SA die Büros sämtlicher wichtiger Gewerkschaften, beschlagnahmten deren Vermögen, nahmen führende Funktionäre fest und internierten sie. An die Stelle der Gewerkschaften wurde nun die DAF, die Deutsche Arbeitsfront, gesetzt, die unter völliger Kontrolle der nationalsozialistischen Regierung stand.

? Schon gewusst?

Die **Deutsche Arbeitsfront** (DAF) tritt an die Stelle der im Mai 1933 zerschlagenen Gewerkschaften und soll die bisher gewerkschaftlich organisierte Arbeitnehmerschaft unter nationalsozialistische Kontrolle bringen. Der DAF gehören im Gegensatz zu den Gewerkschaften Arbeitnehmer wie Arbeitgeber an. Außerdem – und das ist für die Funktion der DAF als Gewerkschaftsersatz von Bedeutung – tritt an die Stelle der bisherigen Tarifautonomie staatliche Reglementierung: Tarifverhandlungen zwischen Arbeitnehmer- und Arbeitgebervertretern sind somit nicht nur unerwünscht, sie sind hinfällig. Aber darum geht es bei der Schaffung der DAF auch gar nicht. Vielmehr sollen die dem nationalsozialistischen Regime kritisch gegenüberstehenden Arbeitnehmer mit der NSDAP ausgesöhnt werden und dazu bedient man sich verschiedenster Anreize. Eine der in dieser Hinsicht wichtigsten Unterorganisationen der DAF ist die Organisation Kraft durch Freude (KdF), die Arbeitern die Möglichkeit von Auslandsreisen bietet, später lockt sie auch mit dem Erwerb eines eigenen Autos.

Die Gleichschaltung

All die bis hier dargestellten Maßnahmen der nationalsozialistischen Regierung – Parteiverbot und deren Auflösung, Reichtagsentmachtung, Zerschlagung der bundesstaatlichen Strukturen des Deutschen Reichs, Gewerkschaftszerschlagung – dienten der sogenannten Gleichschaltung. Der Begriff ist zeitgenössisch und meint die Vereinheitlichung sämtlicher wichtiger Organisationen, Verbände und Strukturen mit dem Ziel, den Anspruch der NSDAP auf die alleinige und totale Macht in Staat und Gesellschaft durchzusetzen. Nach außen hin sichtbar zeigte sich die Gleichschaltung von Partei, Staat und Gesellschaft vor allem auf der symbolischen Ebene: War das Hakenkreuz in den 1920er-Jahren Symbol der NSDAP und der ihr angeschlossenen oder nahestehenden Organisationen, avancierte es nun immer mehr zum Staatssymbol schlechthin. Sämtliche größeren Verbände trugen es bald in ihrem Wappen. Sogar das Deutsche Rote Kreuz, das ja mit einem roten Kreuz hinreichend symbolisiert sein sollte, „ergänzte" dieses mit Adler und Hakenkreuz. Ein weiteres Indiz für die Gleichschaltung war auch das Faktum, dass bei offiziellen Anlässen nun nach der ersten Strophe der deutschen Nationalhymne stets auch das sogenannte *Horst-Wessel-Lied* gesungen wurde. Dies war die Parteihymne der NSDAP *Die Fahne hoch*, in der des Todes eines von Kommunisten erschossenen SA-Mannes gedacht wurde.

Neben den schon genannten Maßnahmen diente auch das im April 1933 erlassene *Gesetz zur Wiederherstellung des Berufsbeamtentums* mit seinem „Arierparagrafen" dem Zweck der Gleichschaltung. Entgegen den immer noch gültigen Verfassungsbestimmungen erlaubte es, jüdische oder regimekritische Beamte ohne weitere Begründung zu entlassen. Dieses Gesetz betraf zwar nur Staatsbedienstete; wie weit aber auch die freiwillige Gleichschaltung der Gesellschaft schon fortgeschritten war bzw. wie gerne sich diese gleichschalten ließ, zeigte sich an einem anderen Phänomen: Faktisch wurde diese Bestimmung ohne jeden staatlichen Druck von zahlreichen nichtstaatlichen Organisationen, Vereinen und Verbänden in vorauseilendem Gehorsam übernommen.

Der Röhm-Putsch

Nachdem Hitler zum Reichskanzler ernannt worden war, gelang es der nationalsozialistischen Führung innerhalb eines Jahres, die linke Opposition auszuschalten, sich der konservativen und bürgerlichen Parteien zu entledigen, die Gewerkschaften abzuschaffen und andere gesellschaftliche und staatliche Organisationen auf NS-Kurs zu bringen, den Hitler mit seiner Politik vorgab. Doch auf dieser Linie lagen nach einem Jahr Macht längst nicht mehr alle etablierten nationalsozialistischen Führer. Zuallererst ist hier Ernst Röhm (1887–1934) mit seiner SA (Sturmabteilung) zu nennen. Die SA nämlich bildete nach dem 30. Januar 1933 so etwas wie einen Staat im Staate. Außerdem beanspruchte der SA-Chef, die von ihm geführte Organisation als bewaffnete Miliz zu etablieren, was einerseits wiederum die Generäle der Reichswehr verschreckte, andererseits aber vor allem den Plänen Hitlers, Himmlers und Görings zuwiderlief. Dazu kam, dass insbesondere unter den SA-Angehörigen das antikapitalistische, das – wenn man so will – revolutionäre Element der nationalsozialistischen Ideologie besonders weit verbreitet war, womit man natürlich bei den Vertretern der deutschen Wirtschaft aneckte. Ein Sachverhalt, der der Konsolidierung des nationalsozialistischen Regimes nicht unbedingt zuträglich war. Und nicht zuletzt war seit Langem bekannt, dass Röhm homosexuell war – für Nationalsozialisten ideologisch wie propagandistisch ein unhaltbarer Zustand.

Taktik der Entmachtung

Im Frühsommer 1934 fällte Hitler daher eine folgenschwere Entscheidung und beschloss, Röhm und die SA zu entmachten. Dazu ließ er durch den SS-Führer Himmler gezielt das erwiesenermaßen unwahre Gerücht verbreiten, die SA plane eine Revolte gegen die nationalsozialistische Führung, und Röhm wolle sich an die Macht putschen. Schließlich wurden am 30. Juni 1934 die wichtigsten SA-Führer zu einer Tagung eingeladen – nun hatte man sie alle zusammen und Hitler gab Himmler den Befehl, die gesamte SA-Führungsriege wie auch andere alte Mitstreiter, die nun aber Hitlers unbedingtem Willen zur totalen Macht im Weg standen, hinterrücks zu ermorden, was dann auch durch SS-Angehörige geschah. Zeitgleich entledigte man sich einiger konservativer Politiker, die nicht nur dem Regierungskurs kritisch gegenüberstanden, sondern zu Hitlers Missfallen nach wie vor auch noch über großen politischen Einfluss verfügten.

Nach dieser „Nacht der langen Messer" spielte die Sturmabteilung politisch nur noch die Rolle der braunen Staffage bei offiziellen Anlässen. Politisch war sie endgültig zugunsten von SS und Reichswehr entmachtet worden.

! Ernst Röhm

Ernst Röhm

Nach seinem Abitur schlägt Ernst Röhm (1887–1934) eine Militärlaufbahn ein und wird während des Ersten Weltkriegs mehrfach schwer verwundet. Nach dem Krieg bleibt er als Offizier in der nun auf 100.000 Mann beschränkten Reichswehr. Röhm ist eines der ersten Mitglieder der NSDAP. Er beteiligt sich am Putschversuch von 1923 und muss deshalb eine Haftstrafe absitzen. Noch vor der Neugründung der NSDAP 1925 beginnt er mit dem Wiederaufbau der paramilitärischen SA. Bald schon kommt es zu ersten Reibereien mit Hitler, der aus taktischen Gründen die revolutionären Ziele des SA-Chefs ablehnt. Röhm geht schließlich als militärischer Berater nach Südamerika, kehrt aber auf Bitten Hitlers 1931 nach Deutschland zurück, wo er aus der SA die damals größte nationalsozialistische Organisation macht. Die Konflikte zwischen Röhm und der NS-Führung schwelen aber weiter und sind schließlich Anlass für die von Hitler angeordnete Ermordung seines ehemaligen Mitstreiters.

Der Führerstaat

Jetzt war Deutschland endgültig ein Führerstaat geworden, der allein und ausschließlich auf Hitler ausgerichtet war. Hier allerdings ergab sich im Laufe der kommenden Jahre ein handfestes Problem, denn schließlich konnte sich Hitler nicht um jedes Detail der Machtausübung kümmern. Unterhalb der Führerebene aber wucherte ein dichtes Geflecht aus unterschiedlichsten Organisationen, aus einem Durcheinander der Kompetenzen, aus Neid und Missgunst. Dank der Gleichschaltung war kaum noch zu durchschauen, wo welche Staats- oder NS-Organisation etwas zu sagen hatte, zumal die Kompetenzbereiche oft kaum voneinander getrennt waren. So gab es auf der Ebene der oberen Parteihierarchie wie auch innerhalb der staatlichen Verwaltung schließlich nur noch ein sicheres Indiz dafür, ob man über Macht verfügte oder nicht – und das war die persönliche Nähe zu Hitler. Wer dem „Führer“ sehr häufig persönlich begegnete, der hatte auch Einfluss in Staat und Partei. Wem dieses zweifelhafte Vergnügen dagegen selten oder gar nicht zuteil wurde, der befand sich politisch auf dem Abstellgleis. Und auch umgekehrt galt: Wer etwas erreichen wollte, der musste an Hitlers Paladinen vorbei irgendwie bei diesem vor-

Martin Bormann

Martin Bormann

Martin Bormann (1900–45) bekennt sich schon früh zur Ideologie des Nationalsozialismus und ist 1924 an einem politisch motivierten Mord an seinem früheren Volksschullehrer beteiligt. 1927 wird er Mitglied der NSDAP und avanciert nach und nach zu einem der engsten Vertrauten Hitlers, dessen persönlicher Sekretär er schließlich wird. Bormann ist Hitler ohne jede Einschränkung hörig und lässt dessen Befehle planmäßig und mit aller Härte ausführen. Freunde hat er selbst innerhalb der nationalsozialistischen Führungsriege kaum und auch Hitler weiß, dass viele seiner nationalsozialistischen Gefolgsleute den Tod Bormanns nicht eben bedauern würden. Nach Hitlers Tod versucht Bormann im Mai 1945 aus Berlin zu fliehen, kommt dabei aber zu Tode.

stellig werden. So entwickelte sich ganz allmählich Hitlers späterer Sekretär Martin Bormann (1900–45) zu der eigentlichen Schaltstelle der Macht: Wenn man von Hitler etwas wollte, wenn man ein konkretes Anliegen hatte, musste man erst Bormann einschalten, der dann darüber entschied, ob man beim Führer vorstellig werden konnte oder nicht. Schließlich – schon gegen Ende des Krieges – war es dann Bormann selbst, der im Namen des Führers über Sach- oder Personalfragen entschied.

Wahlen im Nationalsozialismus

Obgleich das nationalsozialistische Deutschland eine Diktatur war, wurden dennoch unter Hitler insgesamt vier Reichstagswahlen durchgeführt. Dies scheint aber nur auf den ersten Blick ein Widerspruch zu sein. Zunächst einmal war der Reichstag – und damit auch die Reichstagswahlen – politisch kaum mehr von Bedeutung, seit sich das Parlament mit der Verabschiedung des sogenannten *Ermächtigungsgesetzes* selbst entmachtet hatte. Zum anderen kann man die Wahlen selbst kaum als solche bezeichnen, jedenfalls nicht im demokratischen Sinne. Bereits die Wahl am 5. März 1933 war von Terror und Einschüchterung gegen die linken Oppositionsparteien gekennzeichnet. Nachdem die Wahlen aber trotzdem nicht das von den Nationalsozialisten gewünschte Ergebnis erbrachten, löste Hitler den Reichstag kurzerhand noch im Oktober desselben Jahres erneut auf. Die darauf folgende Wahl am 12. November 1933 war dann allerdings nur noch eine Farce, die deutlich machte, wie sich die nationalsozialistische Führung Wahlen vorstellte: Dem Wahlvolk wurde eine „Einheitsliste der NSDAP" vorgelegt, die die Zusammensetzung des Reichstages bereits festlegte und über die man als Wähler nur mit „ja" oder „nein" abstimmen konnte. Die Wahlbeteiligung wurde mit Druck erzwungen, sie lag bei über 95 %. Und tatsächlich wurde die Liste dann auch mit 92 % aller Stimmen angenommen. Beispielhaft dafür, wie Wahlen unter dem Naziregime abliefen, waren auch die Reichstagswahlen vom März 1936: In Kombination mit einem Volksentscheid, in welchem Hitlers bisherige Politik beurteilt werden sollte, wurde den Wählern eine Einheitsliste der NSDAP vorgelegt. 99 % aller wahlberechtigten Deutschen stimmten dieser Liste zu. Ähnlich verlief auch die letzte Reichstagswahl am 10. April 1938. Die Durchführung solcher Scheinwahlen hatte für die Nationalsozialisten fast ausschließlich propagandistische Zwecke: Sie sollten nach innen wie nach außen demonstrieren, wie sehr sich die deutsche „Volksgemeinschaft" mit Staat, Partei und Politik identifizierte.

Kultur und Kulturpolitik

Aber nicht nur politisch veränderten die Nationalsozialisten das Leben in Deutschland erheblich. Auch auf kulturellem Gebiet versuchten sie, intolerant und radikal ihre Vorstellungen davon durchzusetzen, was Literatur, Musik, bildende Kunst etc. sein sollte. Die Bücherverbrennungen hatten einen ersten Vorgeschmack gegeben. 1933 wurde außerdem die dem Propagandaminister Joseph Goebbels (1897–1945) unterstellte Reichskulturkammer gegründet. Alle Kulturschaffenden waren zur Mitgliedschaft in dieser Kammer verpflichtet, abweichenden und nicht dem nationalsozialistischen Ideal entsprechenden kulturellen Tendenzen setzte sie die für

Von den Nationalsozialisten als „entartet" klassifizierte Kunst

die Machthaber typischen Methoden entgegen: Ausgrenzung, Verachtung, Verbot.

Kunst als Propaganda

Einer der fragwürdigsten Höhepunkte nationalsozialistischer Kulturpolitik war die Eröffnung der Wanderausstellung *Entartete Kunst*, die erstmals 1937 in München zu sehen war und die hier und in anderen Städten bis 1941 über drei Millionen Besucher anlockte. Wiederum war es Goebbels, der diese Schau organisiert hatte. Man bemühte sich, das gesamte Spektrum moderner Kunst despektierlich darzustellen und lächerlich zu machen, indem man beispielsweise den modernen Kunstwerken Fotos von verkrüppelten Menschen oder Zeichnungen aus der Hand Behinderter gegenüberstellte. Die Ausstellung war beispielhaft für die nationalsozialistische Kulturpolitik: Was nicht in den Dienst von Partei und Staat zu stellen war oder was sich nicht in diesen Dienst stellen lassen wollte, das durfte auch – so wurde behauptet – bedenkenlos vernichtet werden. Von dieser aggressiven kulturellen Intoleranz war aber nicht allein die bildende Kunst betroffen, auch der Bereich Musik wurde damit konfrontiert. Jazz galt jetzt von Staats wegen als undeutscher „Niggerkrach". Innerhalb kurzer Zeit waren dann auch an nicht wenigen öffentlichen Orten Schilder zu finden, die verkündeten, dass hier namens der Reichskulturkammer „Swing tanzen verboten" sei. Was schließlich vom vormals lebendigen deutschen Kulturbetrieb übrig blieb, waren bestenfalls antiquierte, meist kitschige, stillose oder bombastische Kunstprodukte, die auf der Grundlage nationalsozialistischen Größenwahns, kleinbürgerlich-engstirnigen Kunstverständnisses und konservativer Intoleranz entstanden.

Kirche und Nationalsozialismus

Selbstverständlich blieb auch die Kirche nicht von Gleichschaltung und nationalsozialistischem Terror verschont, zumal es gerade die traditionell katholischen Gegenden Deutschlands waren, in denen man dem Nationalsozialismus mit einiger Skepsis gegenüberstand. Um die Katholiken also „auf Kurs" zu bringen, ließ Hitler schon 1933 seinen Vizekanzler Franz von Papen (1879–1969) mit dem Vatikan in Verhandlun-

Papst Pius XII.

gen treten. Man einigte sich schließlich auf das *Reichskonkordat*. In diesem Vertragswerk wurde den deutschen Katholiken durch das nationalsozialistische Regime die freie Ausübung ihrer Religion und der Schutz ihres Bekenntnisses zugesagt. Für Hitler und seine Partei ging das *Reichskonkordat* mit einem ungeheuren Prestigegewinn einher, versöhnte man sich doch hier hochoffiziell mit dem Katholizismus. Der unterzeichnende Eugenio Pacelli (1876–1958), der spätere Papst Pius XII, war im Übrigen davon überzeugt, eine bedeutende „Schlacht gegen den Bolschewismus" geschlagen zu haben.

Unter den deutschen Protestanten hatte es die NSDAP etwas einfacher. Viele Protestanten gingen mit Hitler und seinem extremen Nationalismus konform. Auch gegen den nationalsozialistischen Antisemitismus hatten viele zunächst weniger einzuwenden, hatte sich doch bereits der Begründer ihrer Konfession, Martin Luther (1483–1546), in seinen Schriften gegen die Juden gewandt. So mag es auch wenig verwundern, dass die schon 1932 gegründete Organisation Deutsche Christen, die eine als „bejahender artgemäßer Christusglauben in deutschem Luthergeist und heldischer Frömmigkeit" bezeichnete Ideologie vertrat, besonders unter den evangelischen Pfarrern Anhänger fand.

Auf der anderen Seite gab es sowohl unter Katholiken wie unter Protestanten Gegner des Nationalsozialismus. Viele von ihnen mussten für ihre Überzeugung mit dem Leben zu bezahlen. Für die Nationalsozialisten spielte es schließlich überhaupt keine Rolle, aus welchem ideologischen Lager ihre Gegner kamen.

Propaganda und Kult

Propaganda war für das nationalsozialistische Regime von größter Bedeutung. Neben der Androhung und der Anwendung brutalster Gewalt war sie das wichtigste Mittel, um das Handeln und Denken der Deutschen nationalsozialistisch zu beeinflussen. Nationalsozialistische Propaganda – das bedeutete in erster Linie die Verbreitung von Lügen oder Halbwahrheiten, die Unterschlagung von wichtigen Informationen und die Verunglimpfung von Gegnern. Um erfolgreich Propaganda betreiben zu können, bedurfte es aber der Macht über die Medien, die schließlich von vielen Menschen wahrgenommen wurden. Im Bereich der Presse verfügte die NSDAP mit dem *Völkischen Beobachter* schon sehr früh über eine eigene, regelmäßig erscheinende Tageszeitung, die es täglich auf knapp zwei Millionen Leser brachte. Im Zuge der Gleichschal-

Propagandaminister Goebbels

tung wurde aber auch die gesamte oppositionelle und kritische Presse ausgeschaltet bzw. auf nationalsozialistische Linie gebracht. Als Propagandainstrument mindestens ebenso wichtig wie die Zeitung war das Radio.

Rundfunk und Film

Als 1933 mit dem „Volksempfänger" erstmals ein wirklich kostengünstiges Rundfunkgerät auf den Markt kam, erkannte Propagandaminister Joseph Goebbels (1897–1945) sofort das unglaubliche Potenzial des Mediums Rundfunk wie auch des erschwinglichen „Volksempfängers". Von nun an war eine flächendeckende, allgegenwärtige Propaganda möglich – und genau dafür nutzten die Nationalsozialisten die technische Innovation von Anfang an. Es kam im Übrigen nicht von ungefähr, dass auch die erstmalige Ausstrahlung eines deutschen Fernsehprogramms in die Zeit der nationalsozialistischen Diktatur fiel.

Goebbels wusste genau, dass mehr noch als das Radio die Kombination von Bild und Ton die Menschen in ihren Bann zu schlagen vermochte. Aus dem selben Grund wandte er sich mit aller Intensität der deutschen Filmindustrie zu, die – so die Meinung führender Nationalsozialisten – völlig „verjudet" war. Tatsächlich arbeiteten gerade in der Filmindustrie zahlreiche Deutsche jüdischen Glaubens, und viele von ihnen setzten sich nach 1933 angesichts der nun beginnenden rassistischen Repressalien in die USA ab. Goebbels gelang es sehr schnell, den Film unter seine Kontrolle zu bringen. Es sollte nicht lange dauern, bis kein Film mehr produziert, geschweige denn in deutschen Kinos gezeigt werden konnte, der nicht zuerst vom Propagandaminister abgesegnet worden war. Nach Kriegsbeginn schließlich ordnete Goebbels selbst die Produktion antisemitischer Hetzfilme wie *Der ewige Jude* (1940) und absurder Filme mit der Botschaft durchzuhalten wie *Kolberg* (1945) an.

Die Reichsparteitage

Neben der allgegenwärtigen Propaganda waren es besonders die jährlich stattfindenden „Reichsparteitage" der NSDAP, mit denen die Nationalsozialisten sowohl die eigene Bevölkerung wie auch das Ausland zu beeindrucken versuchten. Die etwa einwöchigen Veranstaltungen fanden ausschließlich in Nürnberg statt. In der fränkischen Metropole wurden eigens für die Reichsparteitage zahlreiche bauliche Maßnahmen vorgenommen, um den für die choreografisch exakt geplanten Massenveranstaltungen not-

Reichsparteitag in Nürnberg

! Joseph Goebbels

Joseph Goebbels

Joseph Goebbels (1897–1945) wächst in kleinen Verhältnissen im niederrheinischen Rheydt auf und leidet schon früh unter einem Klumpfuß. Diese Behinderung sorgt auch dafür, dass Goebbels gegen seinen Willen während des Ersten Weltkriegs nicht eingezogen werden kann. Stattdessen studiert er Geschichte, Germanistik und Altphilologie und promoviert: Auf die Nennung seines Doktortitels soll Goebbels Zeit seines Lebens größten Wert legen. Mitte der 1920er-Jahre kommt Goebbels zur NSDAP und wird dort zum flammenden Propagandisten eines rassistischen Antisemitismus. Dies allerdings überrascht etwas, waren es doch jüdische Professoren, die ihn während seiner Dissertation unterstützt und begleitet haben, und war doch seine erste Ehefrau sogenannte Halbjüdin. Innerhalb der Partei erkennt man sehr schnell Goebbels' propagandistisches Talent und vertraut ihm entsprechende Ämter an, bis er schließlich 1933 Reichsminister für Volksaufklärung und Propaganda wird. Als solcher ist er einer der Hauptverantwortlichen für die Verbreitung der nationalsozialistischen Hetze. Eingeschlossen im Berliner Führerbunker bringen Goebbels und seine Frau Magda am 1. Mai 1945 zunächst ihre sechs Kinder um, bevor sie sich selbst erschießen.

wendigen Raum zu schaffen. Die Leitung und Organisation des mit allem Pomp ausgestatteten Ereignisses, bei dem Tausende von SA- und SS-Leuten als Staffage dienten, hatten Propagandaminister Joseph Goebbels und Bauminister Albert Speer (1905–81). Die propagandistische Bedeutung der Parteitage war schon an den Namen zu erkennen, die sie bekamen: So hieß der Parteitag 1933 *Sieg des Glaubens* und der von 1937 *Reichsparteitag der Arbeit.* Der für 1939 geplante *Reichsparteitag des Friedens*, mit dem auch das Ausland von den friedlichen Absichten des Regimes überzeugt werden sollte, fand nicht mehr statt. Kurz zuvor hatte Hitler nämlich Polen überfallen lassen, der Zweite Weltkrieg war damit ausgebrochen. Da natürlich nicht jeder Deutsche in Nürnberg dabei sein konnte, bedurfte es begleitender Propaganda, mit der über die Veranstaltung informiert wurde. Nicht zuletzt war es die Regisseurin Leni Riefenstahl (1902–2003), die mit den Filmen *Sieg des Glaubens* (1933) und *Triumph des Willens* (1935) einem breiten Filmpublikum von den Parteitagen berichtete, die sie in höchstem Maße ästhetisierte und verklärte.

! Albert Speer

Albert Speer

Albert Speer (1905–81) übernimmt den Beruf seines Vaters und wird Architekt. Als er zu Beginn der 1930er-Jahre erstmals einer Rede Hitlers beiwohnt, ist Speer so begeistert, dass er umgehend in die NSDAP und SA eintritt. Nach 1933 übernimmt Speer zahlreiche Bauvorhaben an Ministerien und im Kanzleramt und wird von der nationalsozialistischen Führung damit beauftragt, die Reichsparteitage zu organisieren. Bald schon geht er so oft bei Hitler ein und aus, dass er zu dessen Vertrautem wird. Gemeinsam planen sie für die Zeit nach dem Kriegsende den radikalen Umbau der deutschen Hauptstadt Berlin in ein monumentales „Germania". Aufgrund seines Organisationstalents wird Speer schließlich 1942 Rüstungsminister. Als solcher ist er nicht zuletzt für Deportation und Zwangsarbeit der Zivilbevölkerung aus den von der Wehrmacht besetzten Gebiet verantwortlich. Im Nürnberger Kriegsverbrecherprozess bekennt sich Speer schuldig und wird zu 20 Jahren Haft verurteilt.

Das Dritte Reich und die Welt in der Vorkriegszeit

Die Aufhebung, die „Revision“ des Versailler Vertrags, der Deutschland und seinen Verbündeten mit allen Konsequenzen die alleinige Schuld am Ausbruch des Ersten Weltkriegs gab, galt schon in der Weimarer Republik nahezu allen politischen Kräften als wünschenswertes Ziel deutscher Außenpolitik. Auch die Nationalsozialisten hatten sich dieses Ziel auf die Fahnen geschrieben. Als sie 1933 an die Macht kamen, fürchtete man im Ausland die neue deutsche Regierung daher weniger wegen ihres antisemitischen Programms oder ihrer intoleranten Innenpolitik.

Der missbilligte Vertragsabschluss von Versailles

Befürchtungen im Ausland nach der „Machtergreifung“

Vielmehr hatte man Angst davor, dass Hitler auch widerrechtlich und mit Gewalt den Versailler Vertrag sowie andere internationale Abkommen revidieren und die deutsche Armee in alter Stärke wieder aufbauen könnte. Tatsächlich gab die nationalsozialistische Regierung durchaus Anlass zu derartigen Vermutungen, nicht zuletzt weil Hitler in seinen Reden immer wieder betonte, er werde Deutschland zurück zu alter Größe und Macht führen. Es blieb nicht allein bei Worten: Viele ausländische Skeptiker sahen sich in ihren Befürchtungen bestätigt, als Goebbels (1897–1945) im Oktober 1933 in einer Rede erklärte, Deutschland werde nicht nur nicht mehr an etwaigen Abrüstungskonferenzen teilnehmen, sondern auch aus dem Völkerbund, einem Vorgänger der UNO, austreten. Die nationalsozialistische Regierung ließ diese außenpolitische Entscheidung im Übrigen innenpolitisch durch eine Volksabstimmung absegnen: 40 Millionen Reichsbürger stimmten für den Austritt aus dem Völkerbund, nur zwei Millionen dagegen. Fünf Tage nach der Ankündigung wurde das deutsche Ausscheiden durch eine Note der Reichsregierung vollzogen. Statt komplizierter multinationaler Verhandlungen wolle Deutschland jetzt – wie es hieß – das bilaterale Gespräch mit den europäischen Nationen suchen.

Friedensabsichten und bilaterale Verträge

Entgegen allen Befürchtungen erklärte Hitler schon in seiner ersten großen außenpolitischen Rede, die auch im Ausland viel beachtet wurde, Deutschland sei gewillt, die internationalen Verträge einzuhalten, und strebe die Aufhebung der Bestimmungen von Versailles ausschließlich am Verhandlungstisch an. Tatsächlich schien die deutsche Regierung zunächst ernst mit diesem Vorhaben zu machen. So war es für die Beobachter im In- und Ausland doch reichlich überraschend, als Deutschland mit seinem östlichen Nachbarn Polen im Januar 1934 einen Nichtangriffspakt unterzeichnete – ausgerechnet mit Polen, das bei der angestrebten Revision des Versailler Vertrages faktisch in seiner Existenz bedroht war und gegen das die nationalistische deutsche Presse schon vor 1933 unglaubliche Hetzkampagnen gestartet hatte. Selbst gegenüber der UdSSR blieb es bei einem mehr oder minder freundschaftlichen Kurs, den schon die Weimarer Regierungen eingeschlagen hatten. Trotz aller innenpolitischen Intoleranz gegenüber dem Marxismus, trotz aller Verfolgung, Internierung und Ermordung von Kommunisten hatte man außenpolitisch den Eindruck, dass die neue deutsche Regierung bereit sei, das kommunistische Russland als gleichwertigen Verhandlungspartner anzuerkennen.

Josef Stalin

Es schien also zunächst alles weniger schlimm zu werden als befürchtet. Hitler gelang es schließlich auch gegenüber den westlichen Mächten, vor allem gegenüber Frankreich und England, sich selbst als beste außenpolitische Option, die Deutschland zu bieten habe, darzustellen. Vor allem aber ließ er absolut keinen Zweifel an seinem unbedingten Friedenswillen aufkommen, dem er scheinbar auch sein Großmachtstreben unterzuordnen bereit war.

Der schöne Schein

Der Eindruck der außenpolitischen Mäßigung Hitlers war aber nicht mehr als ein schöner Schein, mit dem man die europäischen Nachbarn zu beschwichtigen suchte. Gegenüber der deutschen Generalität, politischen Vertrauten und Vertretern der deutschen Industrie machte Hitler schon im Jahr seiner sogenannten Machtergreifung kein Hehl daraus, was er für das wichtigste außenpolitische Ziel seiner Politik hielt, nämlich die Eroberung von – wie er es nannte – „Lebensraum im Osten“. Und jeder, der dies zur Kenntnis nahm, musste eigentlich wissen, worauf dies zwangsläufig hinauslief – nämlich auf Krieg. Hitler sah dies ganz deutlich: Krieg war für ihn nicht bloß eine Möglichkeit unter vielen, Krieg war vielmehr das einzig mögliche Mittel der Wahl, um das nationalsozialistische Programm vollständig durchzusetzen. Im Prinzip war sogar schon 1933 klar, dass diese Eroberungszüge durch Osteuropa als Vernichtungskriege geführt werden würden. Hitler sprach schließlich selbst davon, dass er die militärisch eroberten Gebiete „rücksichtslos zu germanisieren“ beabsichtige. Zwar konnte jeder dies alles auch in Hitlers programmatischem Buch *Mein Kampf* nachlesen, aber angesichts der eingeschlagenen Politik der nationalsozialistischen Regierung zu Beginn der 1930er-Jahre hofften dennoch viele Menschen im In- und Ausland, es werde alles nicht so schlimm werden. Wie sehr sie sich täuschten, sollte schon bald klar werden.

Volksabstimmung im Saarland

Offensichtlich gelang es Hitler also, die europäischen Mächte hinsichtlich seiner außenpolitischen Ziele nachhaltig zu täuschen. Vermutlich sahen sie in Hitler angesichts der heraufbeschworenen Gefahr des Bolschewismus das kleinere von zwei Übeln und servierten ihm daher seinen ersten echten außenpolitischen Erfolg gewissermaßen auf dem Silbertablett. Der Versailler Vertrag hatte nämlich vorgesehen, dass das Saarland, seit Kriegsende der Verwaltung des Völkerbundes unterstellt, über seine Zugehörigkeit zu Deutschland im Jahr 1935 selbst bestimmen konnte. Und die Westmächte stimmten nun für eine solche Volksabstimmung. Der folgende Wahlkampf an der Saar war relativ frei und wurde unter Beobachtung von Vertretern des Völkerbundes geführt.

Die politische Linke warnte verzweifelt vor Hitler. Doch obgleich auch im Saarland inzwischen bekannt war, welcher innenpolitische Wind im nationalsozialistischen Deutschen Reich wehte, spielte dies im Vergleich zur Frage der nationalen Identität für die Saarländer kaum eine Rolle. So sprachen sich am 13. Januar 1935 über 90 % der Abstimmungsberechtigten für einen Beitritt zum Deutschen Reich aus. Dieser Abstimmungserfolg war für das nationalsozialistische Regime mit einem gewaltigen innen- wie außenpolitischen Prestigegewinn verbunden. Hitler selbst wertete ihn als persönlichen Erfolg und als breite Zustimmung zu seiner Politik. Er erklärte, dass er sich nun in der Durchführung seines außenpolitischen Programms nicht mehr aufhalten lassen werde. Offiziell verstand er darunter aber nach wie vor nur den Kampf gegen den „Schandfrieden von Versailles".

Militärparade in Nürnberg

Der Bruch des Versailler Vertrages

Dieser Friedensvertrag hatte 1935 mit seinen Bestimmungen hinsichtlich der Wehrmacht nach wie vor Geltung: Deutschland durfte nur über ein sehr kleines, der Aufsicht der Alliierten unterstelltes Berufsheer mit 100.000 Mann der Landstreitkräfte und 15.000 Marinesoldaten verfügen. Entgegen diesen Bestimmungen, denen sich die nationalsozialistische Regierung noch 1933 unterzuordnen bereit erklärte, ordnete Hitler 1935 an, das deutsche Heer, die Wehrmacht, werde nunmehr auf eine Truppenstärke von über eine halbe Million Soldaten vergrößert werden. Mit dem *Gesetz über den Aufbau der Wehrmacht* wurde nicht nur die Reichswehr in „Wehrmacht" umbenannt. Auch der Aufbau der Luftwaffe wurde beschlossen, und die – zunächst noch einjährige, recht bald aber schon zweijährige – Wehrpflicht wurde eingeführt. Mit diesem Maßnahmenkatalog brach die nationalsozialistische Regierung faktisch gleich mehrfach den Versailler Vertrag. Aber das Ausland kritisierte dies alles allenfalls formal. Man protestierte zwar, hatte sich aber mit der nationalsozialistischen Außenpolitik längst abgefunden und hoffte, diese durch Entgegenkommen zu besänftigen.

! Joachim von Ribbentrop

Joachim von Ribbentrop

Joachim Ribbentrop (1893–1946) heiratet sich 1920 in die Sektfabrikantendynastie Henkell ein. Schon zuvor hat er im Weinimport und -export gearbeitet, strebt aber eigentlich nach Höherem. Aus diesem Grund lässt er sich 1925 von einem entfernten adeligen Verwandten adoptieren und darf sich von da an „von Ribbentrop" nennen. Erst 1932 wird er Mitglied der NSDAP. Nach der „Machtergreifung" kümmert sich von Ribbentrop vorrangig um außenpolitische Fragen, vertritt Deutschland ab 1936 als Botschafter in London und wird 1938 Außenminister des Deutschen Reichs. Obgleich er als solcher den Hitler-Stalin-Pakt einfädelt, verliert er während des Zweiten Weltkriegs an politischem Einfluss, was ihn allerdings dazu anspornt, sich nun verstärkt mit der Judenvernichtung zu beschäftigen. Ribbentrop hofft, so erneut an politischer Macht gewinnen zu können. In Nürnberg verurteilt man ihn als einen Hauptkriegsverbrecher zum Tode.

So schloss die englische Regierung noch 1935 ein Flottenabkommen mit dem nationalsozialistischen Regime ab, das es Deutschland nun auch ganz offiziell erlaubte, seine Flotte aufzurüsten. Im zeitgenössischen Sprachgebrauch verkaufte die nationalsozialistische Propaganda dies alles als „Wiedergewinnung der Wehrhoheit des Reichs". In Wahrheit steckte aber ein größeres, bereits planmäßig erfasstes Programm dahinter: Denn bis 1939 sollte diese Wehrmacht „kriegsfähig" sein.

Die Angehörigen der nunmehr erheblich vergrößerten Wehrmacht schworen im Übrigen einen persönlichen Eid auf „den Führer Adolf Hitler". Tatsächlich hielt dieser Eid viele Soldaten davon ab, die Ausführung von Befehlen des Führers zu verweigern, selbst wenn sie wussten, dass diese falsch waren. Der Eid sollte sie auch lange Zeit daran hindern, Widerstand gegen Hitler zu leisten, weil dies einem unsoldatischen Eidbruch gleichkam.

Der Einmarsch der Wehrmacht ins Rheinland

Das Rheinland gehörte auch nach 1918 zum Deutschen Reich, obgleich sich Frankreich dort einen separaten eigenständigen Staat als Sicherungsgürtel zum östlichen Nachbarn gewünscht hätte. Deshalb sah die im Versailler Vertrag wie in anderen internationalen Verträgen niedergelegte Kompromisslösung vor, dass das Gebiet staatsrechtlich dem Deutschen Reich zugehörig bleiben sollte, dass dort aber aus Rücksicht auf die Sorgen Frankreichs keine deutschen Truppen stationiert werden durften: Das Rheinland galt damit als „entmilitarisierte Zone“. Hitler war dies ein Dorn im Auge, beschränkte dieser Sachverhalt doch seinen eigenen Handlungsspielraum gewaltig: Jede von der Reichsregierung beschlossene Maßnahme zur Revision des Versailler Vertrages konnte schließlich von den Westalliierten mit einer Besetzung der – wie die Nationalsozialisten es bezeichneten – „schutzlos Frankreich ausgelieferten deutschen Rheinlande“ beantwortet werden. Daher befahl Hitler der neu aufgebauten Wehrmacht am 7. März

Arthur Neville Chamberlain, Vertreter der Beschwichtigungspolitik

1936 in die entmilitarisierte Zone einzumarschieren und dort Garnisonen zu errichten. Selbstverständlich erfolgte dieser Einmarsch widerrechtlich und war riskant, weil er eine militärische Gegenoffensive der alliierten Sieger des Ersten Weltkriegs provozierte. Doch deren Reaktionen waren vergleichsweise harmlos und erschöpften sich im Großen und Ganzen in Protestnoten. Dies lag nicht zuletzt an der Uneinigkeit zwischen England und Frankreich in der Frage, wie man mit dem erstarkenden Deutschland umgehen sollte: Im Gegensatz zu Frankreich, das um seine eigene Existenz bangte, versuchte England dem nationalsozialistischen Deutschland in bilateralen Verträgen entgegenzukommen. Man erhoffte sich, Hitler so in seiner offen zur Schau gestellten Aggressivität zu beschwichtigen. Die zurückhaltenden Reaktionen der Alliierten und der damit einhergehende Erfolg der Rheinlandbesetzung bestärkten Hitler in dem Gefühl, gegenüber dem Westen eigentlich machen zu können, was er wolle.

Der erste Kriegseinsatz der Wehrmacht

Seit der Machtübernahme der Nationalsozialisten wurde das Deutsche Reich militärisch aufgerüstet, zunächst im Geheimen, seit 1935 auch ganz offiziell. Doch den Truppen und den Luftstreitkräften fehlte es an militärischer Erfahrung, besonders im Umgang mit den moderneren Waffensystemen. Das neue Gerät, mit dem Wehrmacht und Luftwaffe ausgestattet worden waren, hatte sich bisher nicht unter realen Kriegsbedingungen bewähren müssen. So kam es den militärischen Planungen des nationalsozialistischen Regimes gerade recht, als in Spanien ein blutiger Bürgerkrieg zwischen kommunistischen, sozialistischen und anarchistischen Kräften auf der einen und dem faschistischen General Francisco Franco (1892–

Francisco Franco

1975) auf der anderen Seite ausbrach. Franco hatte sich an die Macht zu putschen versucht, und schon aufgrund der ideologischen Nähe unterstützte ihn Adolf Hitler von Anfang an finanziell, logistisch, mit militärischem Gerät und Soldaten.

Die Legion Condor

Ab dem Sommer 1936 wurden deutsche Verbände der sogenannten Legion Condor auf die Iberische Halbinsel geschickt. Offiziell meldeten sich diese Legionäre – allesamt Angehörige der Deutschen Wehrmacht – „freiwillig" für den Einsatz in Spanien, um sich – wie es im nationalsozialistischen Jargon hieß – „am Kampf gegen den Bolschewismus" zu beteiligen. Tatsächlich aber nutzte die deutsche Generalität die sich hier bietende Gelegenheit, nicht nur um einen ideologischen Gegner zu bekämpfen, sondern vor allem, um Waffen, Soldaten und Flugzeuge in der Praxis unter Kriegsbedingungen für den Ernstfall zu „testen". Wie dieser Ernstfall dann aussehen könnte, das be-

Hitler und Franco

kam die spanische Zivilbevölkerung schon zu diesem Zeitpunkt zu spüren, war sie doch dem Bombenterror der Luftflotte der Legion Condor, die über 100 Flugzeuge verfügte, hilflos ausgesetzt. So wurde in den Mittagsstunden des 26. April 1937 die unbefestigte Stadt Guernica, nicht zuletzt ein Symbol des baskischen Unabhängigkeitswillens, von deutschen Bombern nahezu völlig zerstört. Die hohe Zahl ziviler Opfer war der deutschen Generalität reichlich gleichgültig, wesentlich war für sie allein die Tatsache, dass der Test der neuen Waffensysteme „erfolgreich" verlaufen war, dass sich insbesondere Bomber und Jagdflugzeuge bewährt hatten. Nicht zuletzt dank der militärischen Unterstützung durch das nationalsozialistische Deutschland sollte Franco schließlich als Sieger aus dem Bürgerkrieg hervorgehen. Er errichtete in Spanien eine faschistische Diktatur, die sich offiziell nicht am Zweiten Weltkrieg beteiligte und über 30 Jahre Bestand haben sollte.

Die „Heimkehr Deutsch-Österreichs"

Ein Dorn im Auge war manchem Nationalisten gerade nach dem verlorenen Ersten Weltkrieg die Existenz zweier deutscher Staaten – Deutschland und Österreich. Sie ging zurück auf die Vorgeschichte des deutschen Kaiserreichs von 1871. Seinerzeit hatte vor allem Bismarck (1815–98) die Gründung eines „kleindeutschen" Staates, also eines Deutschen Reichs ohne Österreich vorangetrieben. Im Ersten Weltkrieg waren beide Staaten allerdings verbündet, was wiederum die Alliierten dazu bewog, 1918 im Versailler Vertrag einen Zusammenschluss beider Staaten dauerhaft zu verbieten. Seitdem aber der gebürtige Österreicher Adolf Hitler 1933 deutscher Reichskanzler geworden war, strebte die deutsche Politik eine Vereinigung beider Staaten an. Dazu mischte sie sich immer intensiver in die innenpolitischen Belange Österreichs ein, in dem die verschiedensten nationalistischen Gruppen – vor allem Nationalsozialisten und Austrofaschisten – um die Macht buhlten. Als es Hitler 1936 gelang, den italienischen Regierungschef Benito Mussolini (1883–1945) davon zu überzeugen, dass für Italien von

Benito Mussolini

einer Vereinigung Deutschlands und Österreichs zu einem „Großdeutschen Reich" keine Gefahr ausginge, befahl er der Wehrmacht, am 12. März 1938 im souveränen südlichen Nachbarstaat einzumarschieren.
Den deutschen Truppen wurde kein Widerstand geleistet, vielmehr wurden sie von großen Teilen der österreichischen Bevölkerung begeistert gefeiert. Um den an und für sich aber dennoch aggressiven militärischen Akt zu rechtfertigen, ließ Hitler die Österreicher nur einen Monat später darüber abstimmen, ob sie zum Deutschen Reich gehören wollten oder nicht. Das Ergebnis war überwältigend: Über 99 % stimmten für den „Anschluss" ihrer Heimat. Dass damit erneut der Versailler Vertrag gebrochen worden war, kümmerte weder das nationalsozialistische Regime noch überraschenderweise die alliierten Siegermächte des Ersten Weltkriegs.

Die Sudetenkrise

Nachdem – wie Hitler es selbst nannte – Österreich so reibungslos „heim ins Reich" geholt worden war, waren weite Teile der Tschechoslowakei fast vollkommen von deutschem Territorium eingeschlossen. In diesen Grenzgebieten lebten neben Tschechen auch zahlreiche Deutsche, die Sudetendeutschen, und das Verhältnis beider Volksgruppen war nicht eben frei von Konflikten. Für das nationalsozialistische Regime bot diese Ausgangslage eine ideologische Rechtfertigung für ihren Wunsch, auch dieses Gebiet dem Deutschen Reich einzuverleiben. Weit wichtiger waren für Hitler aber strategische Erwägungen: Wollte Deutschland tatsächlich die wichtigste mitteleuropäische Hegemonialmacht werden und wollte Hitler vor allem eine günstige Ausgangsposition für den längst geplanten Krieg gegen das sowjetische Russland erreichen, musste auch die Tschechoslowakei zerschlagen und in das Reich integriert werden. Am einfachsten ging das mit einem Krieg. So ließ die deutsche Führung durch verschiedene taktische Manöver, durch Provokationen und durch direkte Einmischung in die innenpolitischen Angelegenheiten der Tschechoslowakei die Situation so weit eskalieren, dass man auch auf internationaler Ebene von einer „Sudentenkrise" sprach, die es zu lösen galt, wollte man einen Krieg verhindern. Hitler aber wollte diesen Krieg. Er wusste, dass die Deutsche Wehrmacht stark genug sein würde, um das Nachbarland zu überrennen. Die militärischen Pläne lagen bereit, die Wehrmacht war alarmiert, der Krieg schien durch nichts mehr aufzuhalten zu sein.

Die Münchener Konferenz

Insbesondere der britische Premierminister Arthur Neville Chamberlain (1869–1940) wollte unbedingt einen Krieg in Europa verhindern – und das zu nahezu jedem Preis. Aus diesem Grund trafen sich die Vertreter Deutschlands, Italiens, Frankreichs und Englands am 29. September 1938 zu einer Konferenz in München. Schon die Einladung zu dieser Konferenz war eine ungeheure Provokation, denn Repräsentanten der Tschechoslowakei und der mit ihr verbündeten UdSSR waren nicht erwünscht. Allerdings muss in diesem Zusammenhang auch erwähnt werden, dass die deutsche Minderheit in der Tschechoslowakei teilweise diskriminiert worden war, und mit dieser Innenpolitik machte sich die tschechoslowakische Regierung auch unter den westlichen Alliierten keine Freunde. So versuchten Chamberlain und die britische Delegation durch massives Entgegenkommen gegenüber den deutschen Forderungen, Hitler vom Kriegskurs abzubringen und zu beschwichtigen. Man spricht in diesem Zusammenhang auch von einer „Beschwichtigungspolitik" der westlichen Alliierten, für die sie nach Ausbruch des Zweiten Weltkriegs heftig kritisiert wurden. Die weitere Entwicklung würde aber zeigen, dass sich Hitler nicht beschwichtigen lassen wollte.

Neuer Grenzverlauf

Zunächst aber waren 1938 Chamberlains Bemühungen tatsächlich von Erfolg gekrönt. Man einigte

Unterzeichnung des Münchener Abkommens

Während der Münchener Konferenz

sich darauf, den deutschen territorialen Forderungen nach dem Anschluss des Sudetenlandes nachzukommen. Der neue Grenzverlauf zwischen dem Deutschen Reich und der Tschechoslowakei wurde daraufhin sehr zuungunsten Letzterer neu gezogen. Nicht allein, dass nahezu alle Gebiete mit sudetendeutschen Bevölkerungsanteilen an das Deutsche Reich fielen, auch wichtige tschechoslowakische Verkehrswege wurden systematisch zerschnitten und nicht zuletzt lebten nun auch rund eine dreiviertel Million Tschechen gegen ihren Willen auf deutschem Staatsgebiet.

Hitler stand diesem Abkommen im Übrigen sehr ablehnend gegenüber. Lieber hätte er mit der Wehrmacht gleich die gesamte Tschechoslowakei militärisch unterworfen. Nun feierte ihn aber die deutsche Bevölkerung, die den Krieg größtenteils nicht wollte, als „Friedensengel". Man bewunderte, dass es dem „Führer" scheinbar gelungen war, deutschen Forderungen ohne einen einzigen Schuss Geltung verschafft und so den Krieg abgewendet zu haben. Was damals kaum jemand ahnte, auch Hitler nicht: Ein Teil der Wehrmachtsgeneralität hatte angesichts der kriegstreiberischen Außenpolitik des Regimes seit Beginn des Jahres 1938 insgeheim einen Putsch gegen die nationalsozialistische Führung geplant. Aufgrund der nun noch gestiegenen ungeheueren Beliebtheit Hitlers aber fürchteten die Militärs wohl zu Recht, dass ihnen die Unterstützung der Deutschen versagt bleiben würde, und bliesen die Aktion ab.

Die „Zerschlagung der Rest-Tschechei"

Trotz der scheinbar geglückten friedlichen Lösung der Sudetenkrise zugunsten des Deutschen Reichs war die nationalsozialistische Regierung in ihrer außenpolitischen Aggression in Wahrheit gar nicht zu beschwichtigen. Hitler wusste, dass – wollte er seine Angriffspläne gegen Polen, letztendlich aber vor allem gegen die UdSSR mit Erfolg umsetzen – die Tschechoslowakei komplett annektiert werden musste. So ließ er denn auch im Frühjahr 1939 die Wehrmacht in den sowieso schon arg geschrumpften Nachbarstaat einmarschieren und diesen besetzen. Zuvor hatte er den tschechoslowakischen Ministerpräsidenten Emil Hacha (1872–1945) nach Berlin geladen und ihn vor die Wahl gestellt: Krieg, Bombardierung Prags und deutsche Besetzung oder „friedliche" Besetzung ohne militärische Gegenwehr seitens der Tschechen. Angesichts der hoffnungslosen militärischen Lage seines Landes unterzeichnete Hacha darauf einen Vertrag, in welchem er das – wie es hieß – „Schicksal des tschechischen Volkes dem deutschen Führer anvertraute". Unmittelbar darauf besetzten Einheiten der Wehrmacht alle wichtigen strategischen Punkte des Landes, unter anderem die Hauptstadt Prag, in die Hitler nun auch selbst reiste.

Ablehnende Haltung

War er aber noch im Vorjahr in Österreich von der Bevölkerung begeistert gefeiert worden, so bereiteten ihm hier die Tschechen einen äußerst frostigen Empfang. Ihre Heimat war ohne Zweifel gegen ihren Willen militärisch besetzt worden, ihre eigene Zukunft schien unsicher. Die Befürchtungen bestätigten sich sehr schnell. Da weite Teile der deutschen Opposition gegen Hitler vor allem aus den Reihen der Sozialdemo-

Proteste während des deutschen Einmarschs in Prag

kraten in die Tschechoslowakei geflohen waren, folgten der Wehrmacht unmittelbar Verbände der SS und der Gestapo und begannen sofort mit der Verbreitung von Terror nicht allein gegen die ausgewanderten Deutschen, sondern auch gegen die tschechische Zivilbevölkerung. Nun war wohl auch den politischen Eliten Englands und Frankreichs klar geworden, dass Hitler sich durch eine „Beschwichtigungspolitik" nicht aufhalten lassen würde. Aber obgleich die Westalliierten noch im Münchener Abkommen den weiteren Bestand der Tschechoslowakei hochoffiziell garantiert hatten, folgten auf den Einmarsch der Wehrmacht und die Annexion des Landes nichts als erneute förmliche Protestnoten aus London, Paris, Washington und Warschau. Ein europäischer Krieg war somit zunächst erneut abgewendet worden; dass es aber angesichts der deutschen Aggression zu einem solchen kommen würde, bezweifelte wohl kaum noch jemand.

Der Weg in den Krieg

Die Furcht vor dem Ausbruch eines Krieges in Europa wurde nicht allein durch die deutsche Politik gegenüber der Tschechoslowakei genährt. Denn ähnlich wie dort ließ die deutsche Politik auch an anderer Stelle eine bereits vorhandene Krise bewusst eskalieren. Im Versailler Friedensvertrag nämlich waren auch massive Veränderungen an der deutschen Ostgrenze zugunsten des wiedererrichteten polnischen Staates vorgenommen worden. Dadurch entstand der sogenannte polnische Korridor, der das nach wie vor deutsche Ostpreußen vom Rest des Deutschen Reichs trennte.

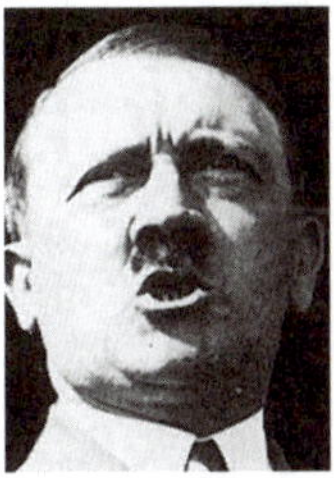

Hitler während einer Rede

Polnischer Korridor und Danzigfrage

Die Ostseehafenstadt Danzig wurde mit ihren 400.000 Einwohnern, darunter 10.000 Polen, zu einem „Freistaat“, der aber mit seiner Fläche von weniger als 2000 km^2 ökonomisch kaum überlebensfähig war. Gerade der Status Danzigs sollte in den 1920er-Jahren zu erheblichen Konflikten zwischen Deutschen und Polen führen. So ließ der polnische Ministerpräsident beispielsweise 1925 auf polnischem Staatsgebiet vor dem Danziger Hafen eine Festungsanlage – die sogenannte Westerplatte – errichten, von der aus er die gesamte Stadt kontrollieren konnte. Die nationalsozialistische Regierung arbeitete 1937 gemeinsam mit der englischen Regierung einen Plan zur Reintegration Danzigs in das Deutsche Reich aus, der allerdings wegen des Protests der polnischen Regierung nicht umgesetzt werden konnte. Hitler jedoch kam der Widerstand Polens nur entgegen, ging es ihm doch in Wirklichkeit gar nicht um den Status Danzigs. Vielmehr suchte er nur nach einem Anlass für einen militärischen Überfall auf den nächsten östlichen Nachbarn. So entwickelte sich ähnlich wie das deutsch-tschechische Verhältnis auch die Situation zwischen Deutschland und Polen zu einem spannungsgeladenen Krisenherd, der jederzeit in einem Krieg zu eskalieren drohte.

Der Hitler-Stalin-Pakt

Hitler ahnte im Sommer 1939 aber auch, dass er mit der Annexion Tschechiens die Geduld der Westalliierten nun faktisch überstrapaziert hatte. Jeder weitere aggressive Akt seitens der Deutschen würde vermutlich auch eine militärische Reaktion Englands und Frankreichs provozieren. Aus diesem Grund erschien es ihm sinnvoll, den bereits militärisch bis ins Detail geplanten Überfall auf Polen wenigstens soweit abzusichern, dass nicht auch noch mit militärischen Gegenschlägen aus dem Osten, also aus der UdSSR gerechnet werden musste. Aus diesem Grund ließ er seinen Außenminister Joachim von Ribbentrop über den gesamten Sommer hinweg im Geheimen mit Vertretern der sowjetischen Regierung verhandeln.

Molotow unterzeichnet den Hitler-Stalin-Pakt

Als am 23. August 1939 schließlich der deutsch-sowjetische Nichtangriffspakt unterzeichnet wurde, war dies eine politische Sensation, hatten doch Hitler wie Stalin (1878/79–1953) in der Zeit zuvor ihre Nationen auf den jeweils anderen als größtmöglichen Feind eingeschworen. Dieser Pakt bedeutete aber nicht allein, dass sich hier zwei ideologische Feinde zusammengeschlossen hatten, er bedeutete auch, dass es England und Frankreich nicht gelungen war, mit dem sowjetischen Russland ein Bündnis gegen Hitler abzuschließen.

Geheimes Zusatzabkommen

Was aber außer den den Pakt Unterzeichnenden niemand ahnte: Das Vertragswerk enthielt ein geheimes Zusatzabkommen, in welchem Hitler Stalin die Hälfte des polnischen Territoriums versprach. Dieses musste freilich zunächst von der Wehrmacht erobert werden – was nichts anderes als Krieg zwischen dem Deutschen Reich und Polen bedeutete. An den weitergehenden Plänen Hitlers, die auf die Zerstörung der UdSSR, die Einverleibung des russischen Territoriums in das Deutsche Reich, die Unterjochung und schließlich die Vertreibung der russischen Bevölkerung hinausliefen, änderte der Pakt nichts: Der deutsch-sowjetische Nichtangriffspakt hielt Hitler nur den Rücken für den jetzt unmittelbar anstehenden militärischen Schlag frei, den Überfall auf Polen. Dieser aber war wiederum nur ein Zwischenschritt in Richtung des angestrebten eigentlichen Ziels der nationalsozialistischen Regierung, nämlich des rassenideologisch begründeten Angriffs auf die UdSSR.

Der Beginn des Krieges

Bereits vor der Unterzeichnung des Hitler-Stalin-Paktes im August 1939 hatte Hitler an der Grenze zu Polen Verbände der Wehrmacht angriffsbereit aufmarschieren lassen. Was jetzt noch fehlte, war der Anlass für einen Befehl zum Überfall auf den Nachbarstaat und damit für die Auslösung des Krieges. Hitler selbst erklärte im Übrigen, es sei völlig gleichgültig, ob dieser Anlass dann auch glaubwürdig sei, denn der Sieger werde später nicht danach gefragt, ob er die Wahrheit gesagt habe oder nicht. Also befahl er dem Chef des Sicherheitsdienstes (SD) Heydrich (1904–42), von Sonderkommandos „Spezialaktionen“ an der deutsch-polnischen Grenze durchführen zu lassen, die angebliche polnische Angriffe auf Deutschland vortäuschen sollten. Dies war für den ehrgeizigen Heydrich die Gelegenheit, sich in der Propaganda- und Spionagepraxis zu beweisen. Er stellte ein SS-Kommando zusammen, das getarnt in polnischen Uniformen am 31. August 1939 den deutschen Rundfunksender im grenznahen Gleiwitz „überfiel“. Die SS-Männer schossen dabei wild um sich, riefen polnische Parolen, sangen polnische Lieder und schüchterten die anwesenden Rundfunkmitarbeiter massiv ein. Schließlich verlas man über den Rundfunk eine vorgeblich polnische Erklärung. Um die Sache glaubwürdiger zu machen, wurden schließlich zwei Tote aus dem KZ Sachsenhausen im Senderaum deponiert. Fotos von dem Arrangement schickte man sofort zur propagandistischen Auswertung nach Berlin. Dieser angebliche „polnische Überfall mit bereits regulären Truppen“ sollte der Weltöffentlichkeit Polens Aggressionsbereitschaft demonstrieren und so den deutschen Überfall auf den Nachbarstaat am 1. September 1939 rechtfertigen.

Rechtfertigung der Angriffe

Hitler selbst erklärte am folgenden Morgen im Reichstag, die Provo-

Deutsche Soldaten zerstören polnischen Grenzbaum

kationen hätten nun ein Ende, denn seit 5 Uhr 45 werde zurückgeschossen. Damit hatte der Zweite Weltkrieg ohne jede Kriegserklärung begonnen. Erst nach dem deutschen Überfall erklärten die mit Polen verbündeten Staaten England und Frankreich Deutschland den Krieg, ohne dass dem von ihrer Seite aus auch – mit Ausnahme des Seekriegs – militärische Maßnahmen gefolgt wären. Man wartete erst einmal ab, vor allem weil man sich hinsichtlich der militärischen Stärke Deutschlands täuschte: Man hatte die Wehrmacht erheblich stärker eingeschätzt, als diese faktisch war: War die Politik der Westalliierten also in der Vorkriegszeit vom Irrtum geprägt gewesen, Hitler ließe sich in seiner aggressiven Außenpolitik beschwichtigen, so war es bei Kriegsbeginn ein militärischer Irrtum, der dem nationalsozialistischen Deutschland ziemlich überraschend erheblichen Handlungsspielraum verschaffte.

Erste bewaffnete Kriegshandlungen

Jenseits des fingierten Überfalls in Gleiwitz fanden die ersten kriegerischen Auseinandersetzungen aber vor allem an drei Stellen statt. Im Norden begann man um 4 Uhr 45 – faktisch eine Stunde früher, als von Hitler behauptet – vom Linienschiff Schleswig-Holstein aus mit der Beschießung der Westerplatte, also der dem Danziger Hafen vorgelagerten polnischen Befestigungsanlagen. Zugleich marschierten Wehrmachtsverbände nicht nur aus Pommern, Schlesien und der Slowakei, also aus westlicher bzw. südlicher Richtung, sondern auch aus Ostpreußen, also von Osten her kommend, in Polen ein. In einer gigantischen Zangenbewegung, mit massiver Luftunterstützung, vor allem durch Sturzkampfbomber, sowie mit äußerst beweglichen Panzern marschierten sie schnell auf Warschau zu, das zusätzlich einem erheblichen Bombardement durch die Bomberflotte der deutschen Luftwaffe ausgesetzt war. Zugleich marschierte seit dem 17. September auch die sowjetische Armee von Osten her kommend so weit vor, wie dies das geheime Zusatzabkommen zum Hitler-Stalin-Pakt vorgesehen hatte. Bereits Ende September kapitulierten nahezu die gesamten polnischen Streitkräfte vor den Invasoren, die polnische Regierung floh ins Ausland. Das Schlagwort vom „deutschen Blitzkrieg" war geboren. Hitler nahm daraufhin in Warschau eine Siegesparade ab. Einige Teile Westpolens gehörten von nun an direkt dem Deutschen Reich an, der Rest wurde als sogenanntes Generalgouvernement von einer deutschen Regierung unter dem „Verwaltungschef der gesamten zivilen Verwaltung der besetzten ehemals polnischen Gebiete" Hans Frank (1900–46) mit brutalster Härte regiert und ausgebeutet.

Für die polnische Zivilbevölkerung setzten sich damit auch nach dem Ende der militärischen Aktionen Not und Elend ungehindert fort, der Leidensweg der vielen polnischen Juden, der ein Weg in die Vernichtung werden sollte, begann.

? Schon gewusst?

Mit dem Schlagwort **Blitzkrieg** werden vor allem die schnellen Kriegserfolge der Deutschen zu Beginn des Zweiten Weltkrieges umschrieben. Zur deutschen Blitzkriegstrategie gehörte damals ein starkes Aufgebot schneller beweglicher Panzer, das mit massiver Luftunterstützung, besonders durch Sturzkampfbomber, die Zerschlagung der gegnerischen Verteidigungslinien durch weitere Landstreitkräfte vorbereitete und dem Gegner im Idealfall gar keine Zeit für einen koordinierten Gegenschlag bot. Die Feldzüge der Wehrmacht in den Jahren 1939 bis 1941, als deutsche Truppen in nur wenige Wochen dauernden Feldzügen halb Europa überfallen, überrannt, besiegt und besetzt haben, sind ein Musterfall der Blitzkriegstrategie. Begriff und Methode sind aber deutlich älter. Sie entstanden während des Ersten Weltkriegs als Lösungsvorschlag für das Problem, wie man den Stellungskrieg wieder in Bewegung bringen könnte.

Deutsche Kriegserfolge und deutsche Hegemonie in Europa

Der Zweite Weltkrieg hatte also begonnen, aber trotz der Kriegserklärungen Frankreichs und Großbritanniens an das Deutsche Reich unmittelbar nach dem Überfall auf Polen ruhten im Westen – wenigstens zu Lande – noch die Waffen. Auf See aber begannen unmittelbar nach Kriegsbeginn erste Auseinandersetzungen zwischen deutschen und britischen Verbänden. Dies lag nicht zuletzt an der neu definierten Kriegspolitik Englands. Man wollte den Feind nämlich zunächst dort treffen, wo er am schwächsten war: bei der Versorgung mit Gütern und Rohstoffen, über die er selbst nicht verfügte.

U-Boot während des Zweiten Weltkriegs

Die Besetzung Norwegens und Dänemarks

Die Blockadepolitik hatte schon während des Ersten Weltkriegs die deutsche Kriegswirtschaft enorm belastet. Sollte sie auch jetzt Aussicht auf Erfolg haben, war es dringend erforderlich, den deutschen Handel mit neutralen Staaten zu unterbinden – dies betraf vor allem den Handel zur See. Dies wissend plante Hitler die Besetzung Norwegens: Zu wichtig erschien ihm und den Generälen im OKW (Oberkommando der Wehrmacht) die Sicherstellung des Exports schwedischer Erze über norwegische Häfen. Denn man war sich darüber im Klaren, dass bei Verlust dieser Versorgungslinien das Deutsche Reich innerhalb weniger Monate kaum mehr kriegsfähig gewesen wäre. Als Pläne einer britischen Invasion in Norwegen vermutet wurden, erteilte Hitler den Befehl zum Angriff auf den skandinavischen Staat, der am 9. April 1940 erfolgte.

Verstärkter Widerstand

Auch wenn, wie schon in Polen, die deutsche Infanterie mit massiver Luftunterstützung operierte, dauerten die Kämpfe doch länger als erwartet. Denn die norwegischen Truppen waren von englischen, französischen und polnischen Verbänden verstärkt worden. Aufgrund der deutschen Überlegenheit sah sich der norwegische König Håkon VII. (1872–1957) dann aber schließlich doch gezwungen, aus seinem Londoner Exil seinen Truppen am 10. Juni die Kapitulation zu befehlen. Eine dem nationalsozialistischen Regime hörige Regierung wurde installiert und Norwegen wurde ein deutscher Satellitenstaat.

Um den norwegischen Feldzug zu sichern, waren deutsche Truppen auch in Dänemark einmarschiert, das sich insbesondere für die Luftwaffe als Operationsbasis hervorragend eignete. Während aber in den Kämpfen um Norwegen auf beiden Seiten insgesamt über 10.000 Soldaten fielen, erfolgte die Besetzung Dänemarks weitgehend ohne Kampfhandlungen: Ähnlich wie schon bei der Besetzung der Tschechoslowakei hatte Hitler die dänische Regierung ultimativ aufgefordert, den Einmarsch der Wehrmacht zuzulassen und andernfalls mit Bombenterror und militärischer Unterwerfung gedroht. Schon am 10. April kapitulierte der dänische König, sicherte so aber wenigstens die weitgehende politische Selbstständigkeit seines Landes.

Der Feldzug im Westen: Besetzung der Beneluxstaaten und Frankreichs

Jetzt hatte das nationalsozialistische Regime den Rücken frei und konnte sich den Westalliierten zuwenden, die Deutschland ja bereits den Krieg erklärt hatten. Die Pläne für eine Invasion in Frankreich lagen schon lange bereit, man plante, das Land in einem „Sichelschnitt“ von Norden her anzugreifen. Dies erwies sich als geschickter strategischer Zug, weil die französische Generalität mit einem Angriff aus westlicher Richtung über den Rhein gerechnet und die dortigen Verteidigungsstellungen massiv verstärkt hatte. Die Strategie hatte allerdings den Nachteil, dass sie auch den Angriff auf die neutralen Beneluxstaaten erforderte. So griff die Wehrmacht am 10. Mai 1940 zugleich die Niederlande, Belgien und Luxemburg an. Die Niederlande wurden innerhalb nur weniger Tage erobert: Am 15. Mai unterzeichnete man die Kapitulation, das Land wurde einer deutschen Besatzungsmacht unterworfen. Die Kämpfe in Belgien dauerten zwar länger, doch auch hier erfolgte schließlich am 28. Mai die Kapitulation und Besetzung. Die Eroberung Luxemburgs erfolgte angesichts der schwachen militärischen Kräfte des Großherzogtums ohne großen Widerstand, das Land wurde faktisch zu einem Bestandteil des Deutschen Reichs ohne politische Rechte.

„Teilung“ Frankreichs

Nachdem somit den militärischen Planungen Hitlers und des OKW nichts mehr im Wege stand, erfolgte am 5. Juni der Angriff auf Frankreich. Sehr viel schneller als erwartet gelang den deutschen Truppen erneut in Blitzkriegtaktik die Eroberung des größten westlichen Nachbarlandes. Die als „Fall Rot“ bezeichnete Operation konnte schon am 22. Juni 1940 mit der Unterzeichnung des deutsch-französischen Waffenstillstands erfolgreich abgeschlossen werden. Frankreich war forthin geteilt: Der Norden unterstand unmittelbar der deutschen Besatzungsmacht, der Süden dagegen blieb scheinbar unabhängig. In den kommenden Jahren installierten der Held des Ersten Weltkriegs Marschall Henri Philippe Pétain (1856–1951) und Pierre Laval (1883–1945) ein konservatives, deutschfreundliches Regime, das sogenannte Vichy-Regime.

Marschall Philippe Pétain

Luftschlacht um England

Hitler war jetzt auf dem Höhepunkt seiner Macht und in Deutschland populärer als jemals zuvor. Die Nachbarn im Norden, Osten und Westen waren „unterjocht“, im Süden lag die neutrale Schweiz, die man bewusst nicht angriff, weil man sie als Finanzdrehscheibe benötigte, jenseits davon das verbündete Italien. Doch mit Großbritannien blieb Deutschland im Westen ein erbitterter Feind. Zwar hatte die Wehrmacht britische Truppen aus Norwegen und Frankreich vertreiben können, England selbst war aber nicht erobert. Hier regierte seit Mai 1940 mit Winston Churchill (1874–1965) ein Premierminister, der die Beschwichtigungspolitik seiner Vorgänger schon vor dem Krieg abgelehnt hatte und der sein Land auf einen langatmigen Widerstand gegen die deutschen Aggressoren vorbereitete. Dies sollte auch nötig sein, denn die deutsche Generalität hatte bereits seit Sommer 1940 Invasionspläne erarbeitet, die vorsahen, den Inselstaat mit massivem Bombenterror auf militärische, industrielle und zivile Ziele zu überziehen. In völliger Fehleinschätzung der Verhältnisse rechnete der Chef der deutschen Luftwaffe Hermann Göring (1893–1946) fest mit einer deutschen Luftüberlegenheit. Er erklärte, diese Dominanz würde ausreichen, um die britische Regierung binnen kürzester Zeit zur Kapitulation zu zwingen. So ließ er auf Befehl Hitlers am 13. August 1940 erstmals deutsche Fliegerstaffeln britisches Territorium angreifen, die „Luftschlacht um England" begann. Doch der Plan ging nicht auf. Tatsächlich war die Royal Air Force, die britische Luftstreitmacht, sehr viel stärker als erwartet. Die deutschen Verluste waren daher immens. Als auch der Bombenterror gegen britische Großstädte keinerlei Erfolg zeigte, ließ Hitler Ende 1940 die Kämpfe vorerst einstellen. Schließlich hatte er mit dem Überfall auf die UdSSR Wichtigeres vor.

London nach einem Bombenangriff

Südeuropa und deutsches Engagement in Afrika

Das Bündnis mit dem faschistischen Italien sollte Hitler zu Beginn des Jahres 1941 aber zunächst einmal vom geplanten Überfall auf die UdSSR abhalten. Wollte er nämlich Italien nicht als Bündnispartner frühzeitig wieder verlieren, war es dringend geboten, der Bitte Mussolinis (1883–1945) nachzukommen und die italienischen Truppen in Nordafrika bei ihrem Angriff auf Ägypten gegen englische Einheiten zu unterstützen. Dazu wurde ein deutsches Expeditionsheer – das sogenannte Afrikakorps – unter Führung General Rommels (1891–1944) zusammengestellt und nach Libyen gebracht.

Doch damit nicht genug: Der italienische *Duce* hatte nämlich auch Griechenland angreifen lassen. Die italienischen Verbände erwiesen sich aber gegenüber der griechischen Armee wie auch gegenüber den inzwischen dort gelandeten Engländern als viel zu schwach. Sie wurden weit zurückgedrängt und plötzlich sah es so aus, als könnten sich die Briten dank dieser Situation auf dem Balkan festsetzen, was wiederum Hitlers Angriffspläne auf die

UdSSR massiv zu gefährden drohte. Darum ließ er ab dem 6. April 1941 Griechenland und Jugoslawien, Letzteres eigentlich ein deutscher Bündnispartner, von Wehrmacht und Luftwaffe angreifen.

Erwin Rommel

Verlustreiche Schlachten

Obgleich sich auch auf dem Balkan die Blitzkriegstrategie schließlich bewähren sollte, waren die Kämpfe äußerst verlustreich. Aber nicht allein die militärischen Verbände hatten hohe Verluste zu beklagen, besonders die Zivilbevölkerung litt unter dem Krieg: Einerseits wurden die Großstädte von deutschen Bomberflotten in Schutt und Asche gelegt, andererseits reagierte die Wehrmacht auf Angriffe sogenannter Partisanen mit brutalster Gewalt auch gegenüber Frauen und Kindern. Als schließlich Jugoslawien und Griechenland erobert waren, befanden sich – mit Ausnahme derer auf Malta und Gibraltar – keine britischen Truppen mehr auf kontinentaleuropäischem Boden.
Zwar hatte die deutsche Hegemonie in Europa damit Ende 1941 einen Höhepunkt erreicht, die Eroberung des Balkans aber war strategisch betrachtet ein Pyrrhussieg. Denn die Kämpfe verzögerten den längst geplanten Angriff auf die UdSSR um mindestens vier Wochen, was sich angesichts des drohenden früh einbrechenden und harten russischen Winters als verheerend für die deutsche Kriegsführung erweisen sollte.

? Schon gewusst?

Ursprünglich ist mit den **Achsenmächten** die Achse Rom–Berlin gemeint, also das noch in der Vorkriegszeit geschlossene Bündnis zwischen Italien und Deutschland. Als sich dann aber während des Krieges allmählich abzeichnet, dass die deutschen Angriffe auf England vermutlich länger als erwartet andauern oder gar erfolglos bleiben werden, trafen die Vertreter Deutschlands, Italiens und Japans in Berlin zusammen. Hier wird am 27. September 1940 ein ebenfalls als „Achse" bezeichnetes Militärbündnis zwischen den drei Staaten abgeschlossen. Dem Bündnis traten später auch Ungarn, Rumänien, die Slowakei, Bulgarien und Kroatien bei. Angesichts der Entwicklung im Kampf gegen England und dem anstehenden Überfall auf die UdSSR wusste Hitler nur zu gut, dass er dringend militärischer Unterstützung bedurfte.

Das „Unternehmen Barbarossa“

Die bisherigen Kriegserfolge hatten Deutschland zwar die Vormacht auf dem europäischen Kontinent beschert, zufrieden war Hitler im Jahr 1941 damit jedoch nicht. Denn alle bis dato gewonnenen Feldzüge galten ihm letztlich nur als Vorbereitung auf das eine Ziel, dem er mit gleichsam religiösem Eifer entgegenstrebte: dem Angriff auf die UdSSR und der damit einhergehenden Zerschlagung des Bolschewismus und der Unterjochung des russischen Volkes.

Feldzug der Wehrmacht

Hitlers Hauptziel

Hitler hatte schon in seinen frühen Schriften darauf hingewiesen, dass dies neben der Vertreibung und Vernichtung der Juden der wichtigste Punkt seines Programms sei. Und die Gelegenheit, dieses Unternehmen erfolgreich durchzuführen, war seit den „Säuberungen“ Stalins (1878/79–1953) günstig wie nie zuvor. Der sowjetische Staatschef hatte nämlich in der zweiten Hälfte der 1930er-Jahre damit begonnen, zahlreiche alteingesessene Angehörige der Führungsstäbe von Partei, Staat, Verwaltung und Armee zu entmachten, unter absurden Anschuldigungen vor Gericht zu stellen und schließlich umbringen oder deportieren zu lassen. Dies hatte die UdSSR insgesamt, vor allem aber deren Militär, die Rote Armee, enorm geschwächt, weil es gerade ihre erfahrensten Kräfte waren, die der blutigen „Säuberungspolitik“ zum Opfer fielen. Der Überfall auf die Sowjetunion war also auf zweierlei Weise vom Faktor Zeit beeinflusst. Zum einen war Hitler klar, dass der Neuaufbau der Roten Armee immer weiter voranschreiten würde, je länger er mit einem Angriff warten würde, und dass dies die Erfolgschancen der Wehrmacht schmälern musste. Zum anderen war das Jahr 1941 schon zur Hälfte verstrichen, was bedeutete, dass der Vormarsch der Wehrmacht schnell glücken musste, damit er nicht im harten russischen Winter stecken blieb. Aber noch um die Jahresmitte waren Hitler und die deutsche Generalität überzeugt, dass die immer noch geschwächte Rote Armee binnen kürzester Zeit besiegt werden könnte, zumal die militärischen Planungen des Angriffs längst abgeschlossen waren.

Einmarsch in die UdSSR

So gab Hitler den Befehl zum Angriff auf die Sowjetunion. Am 22. Juni 1941 marschierten Wehrmachtstruppen in das Nachbarland ein, deutsche Bomber zerstörten innerhalb weniger Tage fast die gesamte sowjetische Luftwaffe und weite Teile der für die Rote Armee wichtigen Infrastruktur. So wurde ein geordneter Rückzug der russischen Soldaten verhindert, Hunderttausende gerieten in deutsche Kriegsgefangenschaft, die für die meisten von ihnen den sicheren Tod bedeutete. Noch im Spätsommer schien für die Wehrmacht alles nach Plan zu verlaufen. Der Vormarsch war weit vorangetrieben worden, das Baltikum war vollständig, die Ukraine und Weißrussland waren in weiten Teilen besetzt.

Doch entgegen dem Rat seiner Generäle drängte Hitler, der nach den Blitzkriegerfolgen in einer Aussage von Generalfeldmarschall Keitel (1882–1946) als „Größter Feldherr aller Zeiten“ gefeiert worden war und der sich nun von niemandem mehr in seine militärischen Planungen hineinreden ließ, zur vollständigen Eroberung der Ukraine, statt zunächst Moskau einzunehmen. Der Befehl zum Angriff auf die sowjetische Hauptstadt erfolgte somit erst am 2. Oktober 1941. Doch nun erlahmte der deutsche Vormarsch angesichts des früh hereinbrechenden Winters an allen Fronten. Vor Moskau ging jetzt sogar die Rote Armee zum Angriff über und bereitete der Deutschen Wehrmacht schwere Verluste. Bis auf die im Süden Russlands und der Ukraine agierenden Verbände mussten die deutschen Soldaten erstmals in diesem Krieg vor einem Gegner zurückweichen. Obgleich Hitler selbst die Ratschläge seiner Generäle ignoriert hatte, machte er ausschließlich seinen Generalstab für die militärische Krise verantwortlich. In völliger Verkennung seiner eigenen militärstrategischen Fähigkeiten übernahm er jetzt auch offiziell das Amt des Oberbefehlshabers des Heeres und ersetzte zahlreiche

Offiziere in den Führungsstäben der Wehrmacht durch ihm treu ergebene Paladine.

Vernichtungskrieg

Für die Bevölkerung in den besetzten Gebieten Osteuropas setzte mit der Eroberung ihrer Heimat durch die Wehrmacht ein unvorstellbarer Terror ein. Denn den Wehrmachtseinheiten folgten unmittelbar sogenannte Einsatzgruppen und andere Verbände vor allem der SS, die vordergründig die Widerstandskraft unter der Zivilbevölkerung brechen sollten. Diese Einheiten hatten schon zuvor in der Tschechoslowakei und in Polen gewütet. Nach dem Angriff auf die UdSSR aber zeigte ihr brutales Vorgehen gegen die Zivilbevölkerung und gegen die gefangenen Angehörigen der Roten Armee, dass der Krieg faktisch als Vernichtungskrieg geplant war: Die östlich des Deutschen Reichs lebenden Menschen wurden schließlich nicht unbedingt als Kriegsgegner, sondern vielmehr als „ideologische und rassische Feinde des deutschen Volkes“ verstanden. Gegen sie sollte rücksichtslos und mit brutalster Härte vorgegangen werden. Denn nach nationalsozialistischer Auffassung standen die in Osteuropa leben-

Flüchtlinge in der UdSSR

den Slawen und Juden letztlich der „Ausweitung des deutschen Lebensraums im Osten“ im Weg und mussten über kurz oder lang vertrieben bzw. vernichtet werden. Die entsprechend agierenden deutschen Einheiten konnten sich bei der Ausübung ihrer Verbrechen auf den sogenannten Kommissarbefehl stützen.

Kommissarbefehl und Verschleppungen

Diese vom Oberkommando der Wehrmacht ergangene Anordnung vom 6. Juni 1941 bestimmte, dass beweisbare Vergehen für eine Verurteilung – und das hieß nichts anderes als für die Ermordung – vermeintlicher politischer Gegner unwesentlich seien. Vielmehr sollte bei der Beurteilung der Frage ob „schuldig oder nicht“ der – wie es wörtlich hieß – „persönliche Eindruck von der Gesinnung und Haltung höher gelten als der vielleicht nicht zu beweisende Tatbestand“. Der Kommissarbefehl setzte außerdem ausdrücklich fest, dass Kriegs- und Militärgerichte mit seiner Ausführung nichts zu tun hätten und dass seine Umsetzung nicht einmal der geringsten juristischen Rechtfertigung bedurfte. Das war nichts anderes als ein Freibrief, der willkürlichen Mord und Totschlag unter der Bevölkerung in den besetzten Gebieten legitimierte. Und dieser Anordnung kamen

? Schon gewusst?

Die **Einsatzgruppen** sind spezielle SS-Einheiten, die unmittelbar dem Chef des Sicherheitsdienstes Heydrich (1904–42) unterstehen. Ihre Aufgabe ist es, politische Gegner des nationalsozialistischen Regimes in den von Deutschland besetzten Gebieten zu bekämpfen. Erstmals eingesetzt werden sie in Österreich, dann auch in der Tschechoslowakei. Seit Beginn des Krieges folgen Einsatzgruppen der Wehrmacht und verbreiten insbesondere in Polen und in der UdSSR unsäglichen Terror gegenüber der Zivilbevölkerung. Um die Widerstandskraft des Feindes vollends zu brechen, werden Politiker, Intellektuelle und Priester willkürlich verhaftet und, ohne einem Militärgericht vorgeführt worden zu sein, kurzerhand ermordet. Ähnlich verfährt man auch mit vielen Kriegsgefangenen. Diese brutalen Maßnahmen werden von Angehörigen der Einsatzgruppen zynisch als „Sonderbehandlung“ bezeichnet. Nachdem die deutsche Regierung die systematische Ermordung der europäischen Juden wie auch der Sinti und Roma angeordnet hat, wird die Verfolgung von Angehörigen dieser Volksgruppen zum vorrangigen Ziel der Einsatzgruppen. So sind auch sie mitverantwortlich für den Holocaust.

die Angehörigen der Einsatzgruppen – im Übrigen unterstützt von Wehrmachtsverbänden, anderen SS-Einheiten sowie Freiwilligen aus den besetzten Gebieten – offenbar ohne Skrupel nach.
Darüber hinaus wurden zahllose Menschen aus den besetzten Gebieten ohne rechtliche Begründung bis nach Deutschland verschleppt, wo sie unter unsäglichsten Bedingungen zu Zwangsarbeit in der kriegswichtigen Industrie verpflichtet wurden. Dies stand einerseits der nationalsozialistischen Rassenideologie entgegen: Warum, so fragte sich manch überzeugter Nationalsozialist, sollten „fremdvölkische Untermenschen" nun nach Deutschland gebracht werden, wo man diese doch eigentlich vertreiben wollte? Andererseits aber wusste die nationalsozialistische Führung sehr genau, dass die deutsche Kriegswirtschaft ohne die Ausbeutung von Zwangsarbeitern vermutlich bereits 1942 wegen Arbeitskräftemangel zusammenzubrechen drohte. So entsprach es einer ökonomischen Notwendigkeit, dass bis Ende 1944 insgesamt über 7,5 Millionen Osteuropäer aus ihrer Heimat nach Deutschland deportiert und dort zu Zwangsarbeit verpflichtet wurden.

! Hermann Göring

Hermann Göring

Hermann Göring (1893–1946), Sohn eines hohen Kolonialbeamten, kommt nach Abitur und Offiziersexamen zur deutschen Infanterie, tritt aber während des Ersten Weltkriegs der Luftwaffe bei, wo er sich – wie von ihm erhofft – militärischen Ruhm erwerben kann. Nach dem Krieg lernt er Hitler kennen, tritt der NSDAP bei und wird beim Putschversuch 1923 verwundet. In der Folge dieser Verletzung entwickelt Göring eine Morphiumabhängigkeit, von der er sich Zeit seines Lebens nicht lösen kann. Nach 1933 sehen viele Deutsche in ihm den zweitwichtigsten Mann des Regimes – ein Ruf, den der Egozentriker und Selbstdarsteller genießt, obgleich er nicht über so viel Macht verfügt, wie ihm zugeschrieben wird. Als Chef der Luftwaffe hat Göring die Niederlage in der Luftschlacht um England zu verantworten; sein Stern beginnt zu sinken. Nach dem Krieg wird er als Hauptkriegsverbrecher in Nürnberg angeklagt, entzieht sich seiner Hinrichtung aber durch Selbstmord.

Kriegswende

Als im Winter 1941 der deutsche Vormarsch in Russland zum Erliegen kam, zeichnete sich bereits ab, dass die militärischen Planungen Hitlers und des OKW mit dem Ziel der schnellstmöglichen Eroberung der UdSSR in eine militärische Katastrophe führen mussten. Tatsächlich hatte man überhaupt nicht in Erwägung gezogen, was passieren würde, sollte das riesige russische Reich nicht mit der bewährten Blitzkriegstrategie binnen kürzester Zeit niederzuringen sein. Als Hitler dann noch den Befehl zum Sturm auf Moskau viel zu spät erteilte, sodass dieser Angriff in den Unwettern des einsetzenden Herbstes und dann in der Kälte des Winters stecken blieb, endete der Feldzug in einem Desaster. Tatsächlich war man nämlich bei den kriegsvorbereitenden Planungen so optimistisch gewesen, dass nicht einmal die Ausstattung der Wehrmacht mit einer halbwegs geeigneten Winterausrüstung in Erwägung gezogen, geschweige denn organisiert worden war. So lagen denn die deutschen Soldaten mit derart winteruntauglicher Kleidung in Schnee und Eis, dass Ende 1941 mehr Opfer durch Erfrierungen als durch Kriegshandlungen zu beklagen waren. Dies war insofern von kriegsentscheidender Bedeutung, als der missglückte Einmarsch die Wehrmacht schon sehr geschwächt hatte – und auch noch in den kommenden Jahren weiterhin schwächen sollte.

Erstarken der Sowjetunion

Als der sowjetische Generalstab die Situation erkannte, ließ er die Rote Armee noch im selben Winter sofort zum Gegenangriff übergehen. Trotz zwischenzeitlicher Territorialgewinne der deutschen Truppen setzte im Grunde bereits jetzt der sukzessive, sich über rund drei Jahre hinziehende Rückzug der Wehrmacht aus den besetzten russischen, weißrussischen, ukrainischen und baltischen Gebieten ein. Denn die deutsche Kriegsindustrie lief zwar trotz alliierter Bombenangriffe auf Hochtouren, sie konnte die hohen materiellen Verluste aber kaum ausgleichen. Noch schwerwiegender aber waren die überaus hohen personellen Verluste der Wehrmacht: Allein an der Ostfront starben während des Krieges mehr als zwei Drittel sämtlicher getöteter deutscher Soldaten im Zweiten Weltkrieg – rund 3,8 Millionen Opfer hatten die deutschen Verbände bis 1944 zu beklagen. Stalin (1878/79–1953) hatte dagegen schon bei Kriegsbeginn die kriegswichtigen russischen Industriebetriebe weit in den Ural verlegen lassen und konnte auf scheinbar unbegrenzte „menschliche Ressourcen" zurückgreifen. Obgleich die UdSSR von allen am Krieg beteiligten Nationen die meisten Kriegsopfer zu beklagen hatte – bis 1945 starben rund 20 Millionen Sowjetbürger durch den Krieg –, konnte dies ihre militärische Schlagkraft nicht entscheidend schwächen.

Stalingrad

Zum Symbol der Kriegswende sollte die Schlacht um Stalingrad werden, die im Winter 1942/43 um die südrussische Metropole begann. Auf Befehl Hitlers war die deutsche 6. Armee unter Führung des Generals Paulus (1890–1957) weit in den Kaukasus und in Richtung Don vorgestoßen. Ende August 1942 erreichten die Deutschen das strategisch wichtige Stalingrad, um das eine heftige Schlacht entbrannte. Zwar gelang es der Wehrmacht, rund 90 % der Stadt zu erobern, die deutschen Soldaten wurden aber immer wieder in blutige Häuserkämpfe verwickelt. Als Verbände der Roten Armee dann mit frischen Kräften auf die Stadt zumarschierten und diese einzukesseln begannen, bat Paulus Hitler, die letzte Gelegenheit ergreifen zu dürfen, um die Stadt mit seinen Truppen zu verlassen. Hitler lehnte dies rundweg ab, nicht zuletzt weil sein Luftwaffenchef Göring ihm versichert hatte, die eingeschlossene Truppe problemlos aus der Luft mit allem Notwendigen versorgen zu können. Dies allerdings war ein fataler Irrtum. So harrten dann bei –40° Celsius Hunderttausende deutsche Soldaten unzureichend bekleidet, schlecht bewaffnet und unter permanentem russischen Beschuss wochenlang im Zentrum von Stalingrad aus. In dieser völlig hoffnungslosen Lage ergab sich Paulus entgegen der ausdrücklichen Anordnung Hitlers am 31. Januar 1943 der sowjetischen Übermacht. Die überlebenden 90.000 von ursprünglich 284.000 Soldaten der 6. Armee gingen in Kriegsgefangenschaft, aus der wiederum nur 6000 Mann nach Deutschland zurückkehren sollten. Nach der Niederlage wendete sich schließlich die militärische Situation an der Ostfront endgültig. Die deutsche Propaganda, ja Hitler selbst, hatte den Kampf um Stalingrad zur alles entscheidenden Schlacht hochstilisiert – und diese war nun verloren worden, was nicht einmal mehr von Goebbels (1897–1945) geleugnet werden konnte.

Sowjetischer Sieg in Stalingrad

Vom Totalen Krieg zur Kapitulation

Nach der Niederlage der Wehrmacht in Stalingrad hatte die deutsche Propaganda ein massives Problem: Wie sollte sie zu Beginn des Jahres 1943 unter den gegebenen Umständen die eigene Bevölkerung noch davon überzeugen, dass man trotz der verlorenen „Entscheidungsschlacht" den Krieg dennoch gewinnen werde? Wie konnte man die inzwischen reichlich kriegsmüden Deutschen davon überzeugen, dass die großen Opfer auch weiterhin nicht umsonst wären? In dieser Situation holte Propagandaminister Goebbels (1897–1945) zu einem erneuten publikumswirksamen Schlag aus.

Rückzug der Wehrmacht

Rede vom „Totalen Krieg"

Im Berliner Sportpalast versammelte er vor laufenden Kameras und vor den Mikrofonen des Rundfunks „handverlesene" Deutsche, ein, wie Goebbels selbst behauptete, repräsentativer Querschnitt durch die deutsche Bevölkerung. Ihnen und seinen Zuhörern an den Radiogeräten erklärte der Propagandaminister zunächst offen, dass das Deutsche Reich angesichts der militärischen Krise äußerst bedroht sei. Daher sei es nun unbedingt erforderlich, dass die Deutschen auch die letzten Kraftreserven mobilisieren und die größten Opfer erbringen müssten, wenn sie den Kriegssieg erzwingen wollten. Dann startete der Propagandaminister ein rhetorisches Sperrfeuer: In zehn Fragen, auf die seine Zuhörer im Sportpalast jedes Mal begeistert mit „Ja!" antworteten, lotete er scheinbar den unbedingten Kriegswillen wie auch die Bereitschaft des deutschen Volkes aus, seine Bedürfnisse den Erfordernissen des „Totalen Krieges" unterzuordnen. Goebbels endete mit den Worten: „Nun, Volk, steh auf und Sturm brich los!“, seine Zuhörer antworteten mit dem an Hitler adressierten Ruf „Führer befiel, wir folgen!“. Das Echo auf die Sportpalastrede innerhalb der deutschen Bevölkerung war äußerst gespalten. Überzeugte Nationalsozialisten mochten sich von der grandiosen Inszenierung noch blenden lassen. Aufgrund der Kriegsverluste und der prekären Situation der Zivilbevölkerung war aber auch immer mehr Unmut zu spüren. Doch die Diktatur war durch das Spitzelsystem von SS und SD so abgesichert, dass es kaum einer wagte, offen Kritik zu üben.

Verschärfte Kriegsmaßnahmen

Nach der Sportpalastrede wurden seitens der deutschen Regierung die notwendigen Maßnahmen ergriffen, die der – wie man es nannte – „Totalisierung des Krieges“ dienen sollten. Dahinter verbarg sich ein Programm zur totalen Mobilisierung sämtlicher zur Verfügung stehenden menschlichen wie materiellen Ressourcen. Das gesamte deutsche Volk sollte nun in den „Dienst für den Endsieg“ gestellt werden. Faktisch bedeutete dies, dass nun alle Männer zwischen 16 und 65 Jahre zur Verteidigung verpflichtet werden konnten. Jugendliche wurden aus der HJ heraus direkt in die Wehrmacht rekrutiert. Zur Stützung der deutschen Wirtschaft wurden immer mehr Zwangsarbeiter nach Deutschland verschleppt. Zugleich schloss man sämtliche Betriebe, die „kriegsunwichtige Güter“ produzierten. Auch der Terror gegen Andersdenkende wurde innerhalb der Reichsgrenzen verschärft: Wer sich irgendwie kritisch äußerte, lief Gefahr, des „Defätismus“ bezichtigt und kurzerhand zum Tode verurteilt zu werden. Außerdem wurde das Alltagsleben der Zivilbevölkerung auch anderweitig stark eingeschränkt. Denn allmählich flogen die westlichen Alliierten fast täglich Ziele im Reich an und überzogen die deutschen Städte mit einem zerstörerischen Bombenteppich.

Bombenkrieg

Hatte noch der Erste Weltkrieg die Zivilbevölkerung Deutschlands zwar hart, aber nur indirekt betroffen, so lagen die Dinge nun anders. Schon am 11. Mai 1940 hatte der britische Premierminister Churchill (1874–1965) den Befehl gegeben, das niederrheinische Mönchengladbach anzufliegen und mit Bombern zu zerstören. Der Befehl kennzeichnete ein Umdenken im englischen Führungsstab. Nicht mehr die verteidigten, militärisch wichtigen Zent-

ren wurden von den Bomberflotten angeflogen, sondern in erster Linie zivile Ziele. Zweck dieser scheinbar nicht eben kriegswichtigen Manöver war es, den Kriegswillen der Zivilbevölkerung zu brechen.
Strategisch stützte sich Churchill auf Ideen, die der britische Geschäftsmann und spätere Chef der britischen Bomberflotte Arthur Harris (1892–1984) entwickelt hatte. Harris vertrat die Meinung, der konzentrierte Einsatz von Bombern auf ein ziviles Ziel sei wesentlich wirkungsvoller als mehrere Angriffe auf verschiedene Ziele. Der Geschäftsmann erfand den Bombenkrieg zwar nicht, reorganisierte diesen aber mit den Methoden des geschäftlichen Managements völlig neu. Die Royal Air Force begann nun mit regelmäßigen Angriffen auf Deutschlands Städte, auf die die deutsche Regierung schon 1940 mit nicht viel mehr als mit Drohgebärden zu reagieren wusste. Hitler dröhnte, man werde Englands Städte ausradieren. Doch selbst der Angriff deutscher Bomber auf das englische Coventry im November 1940 hatte nicht die Zerstörungskraft, die ihm von beiden Seiten angedichtet wurde. Die Angriffe der englischen, seit dem Kriegseintritt der USA 1941 auch der amerikanischen Bomberflotte dagegen entwickelte sich zu einem zunehmend ernsten Problem, denn die deutsche Luftabwehr hatte diesen spätestens seit 1942 kaum mehr etwas entgegenzusetzen. So bildeten nach der Zerstörung der deutschen Luftwaffe die rund um die Städte stationierten Flakstellungen – „Flak“ war die Abkürzung für Flugabwehrkanone – die einzigen Abwehrwaffen gegen Bomber und Jagdflugzeuge. Faktischen Schaden von den deutschen Innenstädten abwenden konnten sie aber angesichts der Größe der angreifenden Luftflotten kaum.

Zerstörung in Deutschland

Zerstörtes Dresden nach dem Bombenangriff

Um nur drei Beispiele zu nennen: In der Nacht vom 30. auf den 31. Mai 1942 wurde die Stadt Köln beim „Tausend-Bomber-Angriff" nahezu vollständig in Schutt und Asche gelegt, der angreifende Bomberverband führte die Anweisungen Harris' und Churchills exakt aus und flog insbesondere zivile Wohnviertel an. Am 24. Juli 1943 griff ein britisches Bombengeschwader Hamburg an; erstmals ließ Harris dabei eine deutsche Großstadt gezielt mit Phosphorbomben zerstören, die in der Stadt wie in ihren Außenbezirken kaum zu löschende Brände entfachten. Und am 13. und 14. Februar 1945 schließlich verwandelten britische und amerikanische Bomber die Stadt Dresden zunächst in ein Flammenmeer, dann verhinderten sie durch den Einsatz von Sprengbomben die Löscharbeiten und schließlich beschossen Tiefflieger die Flüchtenden. Militärisch wichtig war kaum eine dieser Aktionen, sie kosteten aber Hunderttausende von Menschen, meist Frauen, Alte und Kinder das Leben. Aber das eigentliche Ziel des Bombenterrors verfehlten die alliierten Strategen: Selbst wenn die Deutschen langsam kriegsmüde wurden, war angesichts eines Terrorregimes, das jedwede Kritik brutal verfolgte, kaum damit zu rechnen, dass sich eine breite Massenbewegung, die sich gegen Hitler und den Krieg richtete, hätte entwickeln können.

Allmählicher militärischer Zusammenbruch

Im Osten drängte, seitdem der deutsche Vormarsch stecken geblieben war, die Rote Armee die Wehrmachtsverbände immer weiter zurück. Nicht einmal der Befehl, den nachrückenden sowjetischen Truppen nichts als „verbrannte Erde" zu hinterlassen, also der Befehl zur völligen Zerstörung noch vorhandener Infrastruktur, konnte diese Entwicklung aufhalten: Wie es schien, verschob sich die Frontlinie nahezu unaufhaltsam nach Westen, bis sich die Verbände schließlich im Sommer 1944 genau dort gegenüberlagen, wo die Kämpfe 1941 begonnen hatten. Sowjetische Kräfte standen damit unmittelbar davor, das Gebiet des Deutschen Reichs zu betreten. Als dann schließlich US-amerikanische, britische und kanadische Einheiten am 6. Juni 1944 in der von den Deutschen besetzten Normandie landeten, setzten erstmals seit 1940 westalliierte Soldaten einen Fuß auf mitteleuropäischen Boden. Die Landung wurde durch Angriffe von über 3000 Bombern und 5000 Jagdflugzeugen unterstützt, die die Heranführung deutscher Reservetruppen aus dem Hinterland verhinderten.

Landung der Alliierten in der Normandie

Damit begann der Sturm auf die „Festung Europa“ von Westen her. Der amerikanische Durchbruch bei Avranches am 31. Juli 1944 sicherte dann die ersten alliierten Erfolge. Nachdem sich die Einheiten so in der Normandie hatten festsetzen können, begannen sie, das von ihnen eroberte Gebiet auszubauen. Schritt für Schritt wurden Frankreich, dann auch die Beneluxländer von der deutschen Besatzung befreit. Spätestens dies war der Anfang vom Ende des Dritten Reichs. Denn auch im Süden waren die Verteidigungslinien äußerst gefährdet.

Zusammenbruch in Italien

Die mit Deutschland verbündeten italienischen Kräfte sowie die eiligst nach Italien berufenen Wehrmachtsverbände vermochten es aber zunächst noch, die von Sizilien her vorrückenden amerikanischen und englischen Kräfte aufzuhalten. Innenpolitisch entwickelte sich der Apenninenstaat aber zu einem reichlich unsicheren Partner. Der Diktator Mussolini (1883–1945) wurde in einer Art Palastrevolution schließlich gestürzt und die neue italienische Regierung kapitulierte vor den vorrückenden Engländern und Amerikanern. Die Wehrmacht war nun auf sich allein gestellt. Zwar gelang den Alliierten hier zunächst kein Durchbruch, aber die Kämpfe banden deutsche Kräfte, die eigentlich zur Verteidigung des Reichs nötig gewesen wären.
Im Herbst 1944/45 kam es dann an fast allen Frontabschnitten zu kriegsentscheidenden Entwicklungen. Im Oktober 1944 drangen britische und US-amerikanische Verbände erstmals im Dreiländereck bei Aachen ins Deutsche Reich vor, am 21. Oktober 1944 konnten sie die Karlsstadt als erste deutsche Großstadt besetzen. Ihr weiterer Vormarsch in Richtung Rhein-Ruhr-Gebiet wurde aber zunächst noch von Einheiten der Wehrmacht abgefangen. Im Osten begann die Rote Armee seit dem 12. Januar 1945 mit einer massiven Offensive. Schon am 21. Januar überschritt eine Einheit unter Marschall Iwan Konew (1897–1973) die Grenze des Deutschen Reichs bei Breslau.

Volkssturm

Am 25. September 1944 rief Hitler alle noch nicht zur Wehrmacht einberufenen Männer zwischen

Vereidigung von Angehörigen des Volkssturms

16 und 60 Jahren zur „Verteidigung des Heimatbodens“ im sogenannten Volkssturm auf. Diese Einheiten unterstanden dem Führer der SS Heinrich Himmler (1900–45) sowie dem „Sekretär des Führers“ Martin Bormann (1900–45). Da Uniformen knapp waren, trugen die Angehörigen des Volkssturms zur Kennzeichnung eine Armbinde, ihre wichtigste Waffe war die Panzerfaust. Der Einsatz dieser Einheiten war jedoch militärisch vollkommen zwecklos und unverantwortlich. Schließlich entbrannte rund um Berlin noch einmal eine der blutigsten Schlachten des Zweiten Weltkriegs.

Kapitulation

Irgendwann im Verlauf des Kampfes um Berlin erkannte auch Hitler, dass der Krieg verloren war. Die Rote Armee stand schon im Zentrum der Stadt, als er sich am Nachmittag des 30. April 1945 im Führerbunker unter der Reichskanzlei erschoss, um seiner Gefangennahme zu entgehen. Sein Nachfolger, Großadmiral Dönitz (1891–1980), trat rasch in Verhandlungen mit Vertretern Englands, Frankreichs und der USA. Nach gescheiterten Versuchen, die gemeinsame Linie der Westalliierten mit Russland am Verhandlungstisch zu brechen, unterzeichnete am Morgen des 7. Mai 1945 in Reims Generaloberst Jodl (1890–1946) die Kapitulationsurkunde für alle Teile von Wehrmacht, Reichsmarine und Luftwaffe. Der Krieg war damit beendet, das Dritte Reich nach zwölf Jahren unbeschreiblichen Terrors Geschichte.

Generalfeldmarschall Keitel nach Kriegsende bei der Roten Armee

Verfolgung und Terror

Rassenlehre und Antisemitismus waren wesentliche Fundamente der nationalsozialistischen Ideologie. Doch als die Nationalsozialisten 1933 an die Macht kamen, war den meisten Deutschen noch nicht klar, ob und wie diese Irrlehren in der Praxis umgesetzt werden würden. Viele Menschen jüdischen Glaubens hofften, es werde nicht so schlimm kommen und man müsse eben diese Phase der nationalsozialistischen Herrschaft durchstehen. Dieses Argument war umso einleuchtender, als in den Jahrhunderten zuvor viele und schnelle Regierungswechsel stattgefunden hatten.

Jüdische Häftlinge bei der Ankunft im KZ Auschwitz

Der Rassenwahn

Kaum jemand rechnete damit, dass nun ausgerechnet der als rassistischer Fantast erscheinende Hitler mit seiner Partei die Macht für längere Zeit in den Händen zu halten vermögen würde. Und selbst wenn, so ging man doch davon aus, dass Hitler sich mit seinen Extremansichten mäßigen werde, wenn er dauerhaft in das politische System integriert worden wäre. Doch erstens konnten die Nationalsozialisten ihre Macht sehr bald durch Unterdrückung und Terror konsolidieren. Und zweitens war ihre Politik faktisch von Anfang an auf die Vertreibung der deutschen Juden aus ihrer Heimat ausgerichtet: Sie sollten durch systematischen, auch gesetzmäßig legitimierten Terror, durch Ausgrenzung und Unterdrückung zur Flucht aus dem Deutschen Reich getrieben werden. Insgesamt erließen die Nationalsozialisten in den zwölf Jahren ihrer Herrschaft um die 2000 antijüdische Gesetze.

Geschäftsboykott

Schon unmittelbar nach der sogenannten Machtergreifung begann der Terror gegen die jüdische Bevölkerung. Meist waren es Angehörige von SA und SS, die bei den Ausschreitungen aktiv wurden

und mit brutaler Gewalt gegen jüdische Mitbürger vorgingen. Viele der Opfer versuchten, sich mit den gängigen zivil- und strafrechtlichen Maßnahmen gegen ihre Peiniger zu wehren. Polizei und Justiz aber registrierten die Straftaten nur, ergriffen darüber hinaus jedoch keine weiteren Strafverfolgungsmaßnahmen. Der rassistische Terror blieb unbestraft.
Im Ausland reagierte man zunehmend alarmiert auf diese Entwicklung, die von der amerikanischen, englischen und französischen Presse genauestens beobachtet und in den Zeitungen detailliert dargestellt wurde. Die Wellen der Empörung schlugen schließlich sogar so hoch, dass man in den USA über einen Handelsboykott gegenüber Deutschland nachdachte – eine wirtschaftspolitische Maßnahme, die das Reich hart hätte treffen können. Die nationalsozialistische Führung reagierte Ende März 1933 auf diese Bedrohung – allerdings nicht so, wie man es sich von westlicher Seite gewünscht hatte. Propagandaminister Joseph Goebbels (1897–1945) zeterte vielmehr zunächst über die, wie er es nannte, „westliche Hetzpresse", die Deutschland verunglimpfen würde.

Aufruf zum Boykott jüdischer Geschäfte

Boykott als Reaktion auf „ausländische Hetze"

Schließlich ließ er die inzwischen mehr oder weniger gleichgeschaltete deutsche Presse eben jene ausländischen „Gräuelnachrichten über die Zustände im Deutschen Reich" publizieren und kündigte zugleich an, Deutschland werde als Reaktion auf diese Provokation inländische jüdische Geschäfte boykottieren. Noch ohne gesetzliche Grundlage, aber initiiert und organisiert vom Propagandaminister selbst sowie vom Herausgeber des NS-Hetzblattes *Der Stürmer* Julius Streicher (1885–1946) begann so am 1. April 1933 deutschlandweit ein Boykott jüdischer Händler, zu dem via Zeitung und Flugblatt aufgerufen wurde. Auch jüdische Anwaltskanzleien und Arztpraxen sollten boykottiert werden. Zur Abschreckung ließ Ernst Röhm (1887–1934) seine SA-Bataillone vor jüdischen Ladenlokalen aufmarschieren, deren Außenwände beschmieren und die Türen bewachen. Auch Einheiten der SS beteiligten sich an den Aktionen. Unter der Parole „Deutsche, wehrt euch! Kauft nicht bei Juden!“ wurden potenzielle Kunden im Zweifelsfall auch mit Gewalt daran gehindert, jüdische Geschäfte, Kanzleien oder Praxen zu betreten. Bürger, die es dennoch versuchten, wurden beschimpft, getreten, geschlagen und so in die Flucht geschlagen. Manch einem stempelte der braune Pöbel „Verräter“ ins Gesicht. Unabhängig von Alter oder Geschlecht drohte man ihnen mit noch weiterreichenden Maßnahmen, sollten sie sich noch einmal dort blicken lassen.

Ablehnung des Boykotts

Doch trotz aller Repressalien zeigte die Boykottaufforderung unter der deutschen Bevölkerung kurzfristig kaum die gewünschte Wirkung. Schließlich ließen sich ja kaum alle jüdischen Geschäfte dauerhaft überwachen. Vor allem aber rief die Boykottaktion bei vielen Bürgern Ekel und Abscheu vor dem braunen Pöbel wie auch Mitleid mit den jüdischen Mitbürgern hervor. So musste Goebbels erkennen, dass er mit dem Boykottaufruf nebst seinen Konsequenzen nicht nur für Missstimmung innerhalb der deutschen Bevölkerung gesorgt hatte, sondern auch im Ausland die gewünschte Wirkung verfehlte: Warum hätten die westlichen Zeitungen auch ihre Berichterstattung über die schwierige Situation der deutschen Juden ausgerechnet zu einem Zeitpunkt einstellen sollen, als der Druck auf diese von der nationalsozialistischen Regierung noch einmal erhöht wurde. Unter den gegebenen Umständen beendete Goebbels schließlich hochoffiziell die Aktion. Der Propagandaminister war aber nie verlegen, wenn es darum ging, einen Misserfolg als Erfolg zu verkaufen. So behauptete er abschließend dreist, seitdem er den „Judenboykott“ angekündigt habe, sei in den Medien des westlichen Auslands die Publikation von „Gräuelgeschichten“ merklich zurückgegangen, und genau deshalb könne er nun die Aktion „aussetzen“.

Langfristig aber sollte der Boykott das Bewusstsein der Deutschen deutlich verändern. Denn obgleich die Aktion 1933 von vielen Deutschen kritisch aufgenommen wurde, verselbstständigte sich die Angst vor etwaigen Repressalien durch die Nationalsozialisten, die sie befürchten mussten, sollten sie weiter zum jüdischen Händler, Arzt oder Rechtsanwalt gehen. Tatsächlich änderten viele in den Wochen und Monaten nach dem Ende des Boykotts still und heimlich ihr Verhalten und wechselten zu nicht-jüdischen Geschäften, Arztpraxen und Anwaltskanzleien.

Der Arierparagraf

Der illegitime, rechtlich nicht abgesicherte „Judenboykott“ war damit zunächst einmal gescheitert. Ab Anfang April 1933 griff die nationalsozialistische Regierung dann erstmals auch zum Mittel der – wie sie es selbst nannte – „völkischen Gesetzgebung“, um ihr antisemitisches Programm durchzusetzen. Am 7. April 1933 verabschiedete das Kabinett das *Gesetz zur Wiederherstellung des Berufsbeamtentums.* Vordergründig sollte dieses zur „Wiederherstellung eines nationalen Berufsbeamtentums und zur Vereinfachung der Verwaltung“ dienen. Faktisch aber war es ein weiteres Element der Gleichschaltung, mit dem sämtliche Beamte auf nationalsozialistische Linie gebracht werden sollten. Denn es sah explizit vor, dass missliebige oppositionelle Beamte unmittelbar und ohne jegliche weitere Begründung aus dem Staatsdienst entlassen werden konnten. Dies war jedoch nur die eine, die politische Seite dieses Gesetzes, es hatte aber auch ein rassistisches, ein antisemitisches Gesicht. Denn in Paragraf 3 des Gesetzes hieß es lapidar, dass alle Beamten und öffentlichen Angestellten, „die nicht arischer Abstammung“ seien, „in den Ruhestand zu versetzen sind“. Das bedeutete nichts anderes, als dass Personen mit jüdischen Eltern oder Großeltern im öffentlichen Dienst nicht mehr geduldet waren, dass sie aus diesem entlassen wurden. Andere, ähnliche Gesetze folgten in den folgenden Wochen. Sie beschränkten die Zahl von jüdischen Studenten an deutschen Hochschulen und schlossen Juden aus dem deutschen Zeitungswesen wie auch aus dem Kunstbetrieb aus.
Die deutschen Juden bzw. Menschen mit jüdischer Abstammung wurden mit Gesetzeskraft entrechtet und innerhalb kürzester Zeit aus dem politischen und gesellschaftlichen Leben des Deutschen Reichs ausgegrenzt und als unerwünschte Randgruppe nahezu vollständig marginalisiert – und dies unabhängig davon, ob sie sich zu ihrer Religion bekannten oder nicht.

Die Entstehung der Nürnberger Rassegesetze

Aber mit den antisemitischen Gesetzen des Jahres 1933 war erst der Anfang gemacht, denn das Ziel der nationalsozialistischen Politik war schließlich die Vertreibung aller Juden aus Deutschland. Andererseits hatte man die Erfahrung gemacht, dass allzu offensichtliche aggressive und öffentliche Übergriffe auf Juden das Ansehen des Deutschen Reichs im Ausland so stark zu beschädigen drohten, dass wirtschaftliche Konsequenzen zu befürchten waren – ein Punkt, der 1935 nach wie vor von größter Bedeutung für die nationalsozialistische Führung war. So stand Hitler zwischen seinem eigenen extremen Programm, seinen Anhängern, die eben dieses Programm möglichst zügig umzusetzen gedachten, und einem politischem Kalkül, das in der Praxis Mäßigung empfehlenswert erscheinen ließ. Wie schon in den Monaten zuvor an anderen Orten, kam es in dieser gespannten Situation im Juli 1935 auf dem Berliner Kurfürstendamm erneut zu Angriffen von SA-Männern und HJ-Angehörigen auf jüdisch aussehende Bürger. Der nationalsozialistischen Regierung wurde nun bewusst, dass die ganze antisemitische Agitation allmählich ihrer Kontrolle entglitt und daher irgendwie kanalisiert werden musste. Auf dem sogenannten Reichsparteitag der Freiheit, der vom 10. bis zum 16. September 1935 in Nürnberg stattfand, ordnete Hitler vermutlich genau aus diesem Grund an, dass Vorlagen für die „gesetzliche Regelung des Verhältnisses von Ariern und Nichtariern“ ausgearbeitet werden sollten. Die Juristen innerhalb der Partei arbeiteten schnell und legten innerhalb kürzester Zeit ihre Vorschläge auf den Tisch. So konnten noch am Abend des 15. September 1935 von den eiligst

Reichsparteitag in Nürnberg

ebenfalls nach Nürnberg berufenen Mitgliedern des Reichstags – inzwischen allesamt Mitglieder der NSDAP – mehrere antisemitische Gesetze verabschiedet werden. Sie gingen als *Nürnberger Rassegesetze* unrühmlich in die Geschichte ein.

Nürnberger Gesetze

Das erste Gesetz, das *Reichsbürgergesetz,* legte fest, dass deutscher Staatsbürger nur sein konnte, wer keine jüdischen Vorfahren hatte. Umgekehrt wurden die politischen Rechte von Juden stark beschnitten, sie galten jetzt nur noch als politisch unmündige Bürger zweiter Klasse. Das zweite Nürnberger Gesetz wurde vollmundig *Gesetz zum Schutze des deutschen Blutes und der deutschen Ehre* betitelt, firmierte aber meist nur unter dem Kürzel *Blutschutzgesetz.* Markierte das *Reichsbürgergesetz* massive Einschnitte in die politischen Rechte von Juden, so griff das *Blutschutzgesetz* nun massiv in das Privatleben der Menschen ein. Es verbot nicht allein die Eheschließung, sondern auch den Geschlechtsverkehr zwischen Juden und Nichtjuden, der als „Rassenschande" gebrandmarkt und unter hohe Strafe gestellt wurde. Außerdem durften Juden nicht mehr die schwarz-weiß-rote Staatsflagge hissen. Schließlich bestimmte das *Reichsflaggengesetz*, das dritte Nürnberger Gesetz, dass die nationalsozialistische Hakenkreuzflagge nunmehr als deutsches Staatssymbol galt.

Kategorisierung

Grundlage für die Anwendung all dieser Gesetze war eine klare Definition davon, wer Jude war und wer nicht. Denn für die Nationalsozialisten war man ja Jude unabhängig davon, ob man der jüdischen Religionsgemeinschaft angehörte oder nicht. So galt als „Volljude", wer in direkter Linie drei oder mehr jüdische Großeltern hatte; man differenzierte dann auch noch nach sogenannten Halb-, Viertel- oder Achteljuden. Wer aber Jude war und wer nicht, darüber konnte letztlich die politische Elite des Regimes je nach politischem, ökonomischem oder kulturellem Kalkül auch unabhängig vom faktischen Stammbaum entscheiden. So erklärte Göring (1893–1946): „Wer Jude ist, bestimme ich!" Auch Goebbels versuchte immer wieder, manchen ihm wichtig erscheinenden Filmschaffenden trotz dessen jüdischer Vorfahren in das System zu integrieren. Auf Rückfrage erklärte der Propagandaminister meist, dass die Abstammung eigentlich kein Problem sei, man werde das schon regeln. Und schließlich hatte sich Hitler ein Zustimmungsrecht für sämtliche potenzielle Ausnahmen von der Regel ausbedungen. Wenn auch so der ein oder andere Sonderfall möglich war, so muss doch festgehalten werden, dass für die breite Masse jüdischer Deutscher die Nürnberger Gesetze einen ersten Tiefpunkt darstellten. Wie weit die Nationalsozialisten allerdings in ihrem Wahn tatsächlich gehen würden, war für sie aber noch nicht absehbar.

„Arisierung"

Bereits seit der sogenannten Machtergreifung hatte die nationalsozialistische Regierung mit einer Kampagne begonnen, die sie als „Arisierung jüdischen Kapitals" schönredete. Zwar war sie ökonomisch für das Dritte Reich von einiger Bedeutung, aber auch sie sollte primär einem Ziel dienen: Der Vertreibung der jüdischen Bevölkerung, indem man sie ihrer existenziellen Grundlagen beraubte. Denn hinter dem Begriff der „Arisierung“ verbarg sich nichts anderes als eine Beschönigung von Zwangsmaßnahmen wie der Enteignung jüdischer Bürger und der Überschreibung ihres Besitzes auf Deutsche ohne jüdische Vorfahren. Rechtliche Grundlage derartiger Enteignungen war besonders das *Gesetz über die Einziehung volks- und staatsfeindlichen Vermögens*, das die Beschlagnahme von Besitz erlaubte, sobald ein Verfahren gegen den Besitzer eingeleitet worden war. Mit diesem Gesetz hatte man schon 1933 zahlreiche aus dem Deutschen Reich geflohene Politiker und Kulturschaffende, darunter Persönlichkeiten wie Heinrich Mann (1871–1950) oder Kurt Tucholsky (1890–1935), ihres Besitzes beraubt. Zugleich hatten auf gleicher Grundlage schon im ersten halben Jahr nach der „Machtergreifung“ zahllose klein- oder mittelständische jüdische Unternehmer ihren Besitz verloren.

Heinrich Mann

Ausweitung der Maßnahmen

Aber es musste nicht immer der formalrechtliche abgesicherte Akt einer offiziellen Beschlagnahmung sein, mit dem die „Arisierung“ betrieben wurde. Oft wurde einfach nur Druck und Gewalt von SA-Männern ausgeübt, um resignierende jüdische Unternehmer dazu zu zwingen, ihren Besitz zu einem Spottpreis an „arische Deutsche“ zu verkaufen. Insgesamt waren 1938 rund 60 % aller klein- und mittelständischen jüdischen Unternehmen „arisiert“ worden. Im selben Jahr verbot das nationalsozialistische Regime dann Juden grundsätzlich den Besitz von Ladengeschäften oder Handwerksbetrieben, aber auch von Schmuck, Aktien, Immobilien, Antiquitäten – es musste nun alles meist weit unter Wert verkauft werden. Im ersten Schub der „Arisierung“ hatten sich nicht wenige deutsche Unternehmer ökonomisch gesundgestoßen und die missliebige Konkurrenz einfach geschluckt. Jetzt aber nutzten auch erschreckend viele Privatleute die günstige Gelegenheit und bereicherten sich persönlich am Besitz ihrer in Not geratenen jüdischen Nachbarn und Mitbürger. Auch der Staat verschaffte sich durch das „Arisierungsprogramm“ erhebliche wirtschaftliche Vorteile. Man geht heute davon aus, dass die Einnahmen des Reichshaushalts 1938/39 nahezu zu einem Zehntel aus derartigen Beschlagnahmungen stammten.

Aktion „Arbeitsscheu Reich“

Im Frühsommer 1938 startete die deutsche Kriminalpolizei eine Kampagne, die als Aktion *Arbeitsscheu Reich* bezeichnet wurde. Vorgebliches Ziel der Maßnahme war es, asoziale Personen zu inhaftieren. Als „asoziales Verhalten“ bezeichnete man im nationalsozialistischen Sprachgebrauch wiederholte Gesetzesübertretungen, die zwar noch nicht den Straftatbestand von Verbrechen erfüllen würden, die aber deutlich machten, dass sich der entsprechend Handelnde nicht in die deutsche Volksgemeinschaft mit ihren nationalsozialistischen Werten und Normen einfügen wolle. Im Rahmen der Aktion *Arbeitsscheu Reich* wurden mehr als 10.000 Menschen, die nach dieser Definition im Verdacht standen, „asozial“ zu sein, gefangen genommen und in Konzentrationslagern interniert.
Die Kampagne richtete sich also zunächst vornehmlich gegen – wie es hieß – „Dirnen, Zigeuner und nichtsesshafte, obdachlose, trunksüchtige oder geschlechtskranke Personen“. Doch die Stimmung kippte, als Propagandaminister Goebbels (1897–1945) am 10. August 1938 mit einer Rede vor ranghohen Polizisten sein Publikum antisemitisch regelrecht aufputschte. Goebbels erklärte den versammelten „Gesetzeshütern“, dass der Wortlaut des Gesetzes überhaupt keine Rolle spiele, wenn es darum ginge, die Juden aus Deutschland zu vertreiben. Schikane sei für dieses Endziel vielmehr wichtigstes Mittel und jede Gelegenheit, die Juden

? Schon gewusst?

Der ursprünglich dem Russischen entnommene Ausdruck **Pogrom** bedeutet wörtlich übersetzt nichts anderes als „Verwüstung“, „Zerstörung“, aber auch „Unwetter“. Als Pogrom bezeichnet man daher staatlich geduldete oder angeordnete Ausschreitungen gegen politische, ethnische, religiöse oder soziale Minderheiten, die mit der Zerstörung des Besitzes der Pogromopfer, oft auch mit deren Ermordung einhergehen. Antisemitische Pogrome gab es in ganz Europa schon seit dem Mittelalter, meist waren diese aber nicht staatlich gelenkt. Die nationalsozialistischen Übergriffe und Gewaltakte gegen Juden vor allem am Ende der 1930er-Jahre sind typische Beispiele für Pogrome, die von der Staatsführung initiiert worden waren.

zu schikanieren, müsse ergriffen werden. So nahmen gemäß dieser Weisung insbesondere die Berliner Polizeikräfte dann auch die Kampagne *Arbeitsscheu Reich*, die ja eigentlich nicht ausdrücklich antisemitisch war, zum Anlass, nahezu 2000 Juden ohne ersichtliche Begründung zu verhaften und zu internieren. Im Zusammenhang mit dieser Verhaftungswelle wütete zugleich der braune Mob auf der Straße. Synagogen und viele der noch verbliebenen jüdischen Geschäfte wurden von SA- und SS-Einheiten gestürmt, beschmiert und demoliert.

Pogromnacht

Die antisemitische Politik der Regierung Hitler erreichte einen erneuten traurigen Höhepunkt, als am 28. Oktober 1938 rund 15.000 Juden aus dem Gebiet des Deutschen Reichs gewaltsam nach Polen abgeschoben wurden. Unter den Abgeschobenen befanden sich auch die Eltern des erst 17-jährigen Herschel Grynszpan, dem nach einer längeren Odyssee die Flucht von Hannover nach Paris geglückt war. Als er vom Schicksal seiner Familie hörte, erschoss er am 7. November 1938 einen deutschen Botschaftsangehörigen, um auch international auf das Los der 15.000 Abgeschobenen aufmerksam zu machen.

Brennende Synagoge

Die nationalsozialistische Regierung, allen voran Propagandaminister Joseph Goebbels, nahm diesen politisch motivierten Mord zum Anlass, den Terror auf die noch in Deutschland verbliebenen Juden erneut auszuweiten. Noch am selben Abend berichteten sämtliche großen deutschen Tageszeitungen vom Vorfall in der Pariser Botschaft. Sie ließen das Thema auch in den kommenden Tagen nicht fallen und hetzten erneut gegen eine vermeintliche „jüdische Weltverschwörung“.

Zerstörung und Verwüstung

Am kommenden Tag wurden spezielle Kommandos von SS und SA zusammengestellt, die dann am Abend des 9. November 1938 vor jüdische Einrichtungen, vor allem vor Synagogen und die letzten verbliebenen jüdischen Geschäfte, aber auch vor jüdische Privatwohnungen zogen. Sie drangen in die Gebäude ein, verwüsteten diese und misshandelten und verschleppten die Bewohner. 91 Menschen starben in dieser Nacht, mehr als 2500 Synagogen wurden zerstört, zumeist gingen sie in Flammen auf und mehr als 30.000 jüdische Männer wurden in dieser Nacht in Konzentrationslager deportiert. Sie wurden gewissermaßen als „Geiseln" gehalten, mit denen man die Auswanderung der noch in Deutschland verbliebenen jüdischen Familien erzwingen wollte.

Obgleich offensichtlich war, dass die Aktion nicht allein von SA und SS geleitet und organisiert wurde, sondern auch, dass sich fast ausschließlich SA- und SS-Männer daran beteiligten, verkaufte Goebbels sie als Reaktion des deutschen Volkes, mit dem dieses seine Empörung über den Pariser Mord zum Ausdruck gebracht habe. Die meisten deutschen Bürger standen den brutalen Maßnahmen schockiert und schweigend gegenüber, ohne aktiv einzugreifen, aber auch ohne zu helfen.

Zerstörtes jüdisches Geschäft

Weitere Ausgrenzungsmaßnahmen

Nach der Pogromnacht vom 9. November 1938, für deren Schäden die jüdische Bevölkerung selbst aufkommen musste, wurden die Lebensbedingungen von Juden im Deutschen Reich weiter systematisch verschlechtert. Man entzog ihnen ihre Lebensgrundlage, indem man ihnen die Ausübung nahezu sämtlicher Berufe verbot. Zugleich forderte man die Zahlung von einer Milliarde Reichsmark als angebliche „Sühneleistung". Außerdem folgten dem Pogrom weitere Zerstörungen jüdischer Geschäfte, ebenso waren tätliche Übergriffe gegenüber Juden an der Tagesordnung. Ab dem 15. November 1938 durften Juden keine Kinos, Theater, Schwimmbäder oder Museen mehr besuchen, außerdem hatten sie stets eine spezielle Kennkarte bei sich zu führen, die sie als Juden auswies. Jüdische Schüler durften nicht mehr auf deutsche Schulen gehen. Die Vornamen aller männlicher Juden wurden in „Israel" und die aller weiblicher Juden in „Sara" zwangsumgeändert. Außerdem wurde Juden die Haltung privater Kraftfahrzeuge untersagt, doch auch die Nutzung öffentlicher Verkehrsmittel war ihnen verboten. Neben diesen staatlich angeordneten Maßnahmen fanden sich auch zahlreiche private Aktionen, mit denen viele deutsche Bürger die nationalsozialistischen Vorgaben in vorauseilendem Gehorsam zu erfüllen gedachten: Viele Restaurants und Ladengeschäfte blieben nun Juden verwehrt, an ihrem Eingang prangte ein Schild, das verkündete, dass hier „Juden unerwünscht" seien. Selbst an den Parkbänken in städtischen Anlagen prangten nicht selten Messingschilder ähnlichen Inhalts.

Straßenbahnwagen in Warschau

Obgleich sich viele Juden dazu entschlossen, ihre Heimat zu verlassen und auszuwandern, blieben doch viele trotz der verheerenden Lebensumstände weiterhin im Reich. Manch einer konnte sich eine Auswanderung kaum leisten, andere wollten nicht alles aufgeben, was sie sich aufgebaut hatten.

Der Madagaskarplan

Bis 1939 war es erklärtes Ziel der nationalsozialistischen Regierung gewesen, die jüdische Bevölkerung Deutschlands durch Terror, Schikane und Ausgrenzung zur Aussiedlung aus dem Deutschen Reich zu zwingen. Der Beginn des Zweiten Weltkriegs markierte dann ein Umdenken, denn die reguläre Auswanderung war nun kaum mehr möglich – schließlich waren die zivile Linienschifffahrt und der zivile Luftverkehr ins westliche Ausland nahezu zusammengebrochen. Als die Wehrmacht 1939 Polen und 1940 Frankreich überfiel und besetzte (wobei im Übrigen auch die Kampfhandlungen der Wehrmacht mit brutalen antisemitischen Aktionen einhergingen), fielen auch hunderttausende Juden unter deutsche Hoheit. Angesichts dessen begann man, sich in Berlin Gedanken über die, wie sie es formulierten, „Endlösung der

Judenfrage" zu machen. Hinter dem Begriff verbarg sich nichts als die Frage, wie und wohin man die Juden sowohl aus dem Deutschen Reich wie auch aus den besetzten Gebieten deportieren könnte. Da mit der Eroberung Frankreichs auch dessen Kolonien an das Deutsche Reich fielen, schlug Heydrich (1904–42) vor, man könne ja sämtliche Juden nach Madagaskar deportieren. Die vor der Ostküste Afrikas gelegene Insel unter französischer Oberhoheit sollte zu einem riesigen, hermetisch abgeriegelten jüdischen Getto werden – eine Insel, auf der nach Vorbild französischer und britischer Strafkolonien ausschließlich Juden ohne jeden Außenkontakt leben sollten und auf der dieses Volk angesichts der schwierigen klimatischen Bedingungen schließlich aussterben sollte. Die Idee wurde von führenden Vertretern des nationalsozialistischen Regimes befürwortet, Kommissionen wurden gebildet, konkrete Pläne ausgearbeitet. Aber es war allen Beteiligten klar, dass es eine wesentliche Voraussetzung dafür gab, um die Idee einer jüdischen Massendeportation auf die südliche Erdhalbkugel überhaupt erfolgreich umsetzen zu können – und das war der freie Seeweg nach Ostafrika. Und Voraussetzung dafür war wiederum der militärische Sieg über Großbritannien. So wurde der Madagaskarplan schließlich endgültig ad acta gelegt, als nach der verlorenen Luftschlacht von 1940 ein solcher Sieg über England in weite Ferne rückte.

Deportation und Gettoisierung

Doch unabhängig von der Planung und Realisierung derartiger Massendeportationspläne hatte die Ermordung der europäischen Juden bereits nach dem deutschen Sieg über Polen 1939 begonnen. Denn tatsächlich wurde die gesamte jüdische Bevölkerung zwangsumgesiedelt. Rund 2,3 Millionen polnische Juden wurden enteignet und in hermetisch abgeriegelte Stadtviertel deportiert. Solche Gettos entstanden in den polnischen Großstädten wie etwa Warschau, Krakau, Lublin oder Lodz. Die Lebensbedingungen dort waren äußerst schwierig: Wohnraum war nur wenig vorhanden, viel zu viele Menschen mussten auf viel zu engem Raum zusammenleben, die Lebensmittel waren extrem knapp, die Zwangsarbeit zehrte an den Kräften der Menschen. So konnten sich in den Gettos epidemieartig Krankheiten verbreiten, die unzählige Menschen dahinrafften, viele Kinder verhungerten oder starben an Entkräftung. Darüber hinaus waren die deutschen Besatzer uneingeschränkt zur Bestrafung von

Verbrechen unter den deportierten Juden bevollmächtigt – und die häufigste Strafe war die Hinrichtung. Der Anlass war meist gering: Oft genügte den Angehörigen der deutschen Wehrmacht, der SS oder der deutschen Polizei schon der bloße Verdacht, eine Person würde Lebensmittel ins Getto schmuggeln, um diese zu erschießen oder zu erhängen. So bedeutete für viele Juden schon die Umsiedlung in ein Getto den sicheren Tod, die Massendeportation war also nichts anderes als ein erster Schritt zur Vernichtung der europäischen Juden.

Massenerschießungen

Als dann nach dem Überfall auf die UdSSR und dem schnellen deutschen Vormarsch rund fünf Millionen weitere Juden in die Hände der deutschen Besatzungsmacht fielen, ordnete die nationalsozialistische Regierung den systematischen Massenmord am jüdischen Volk an. Einsatzgruppen aus SS, SD und Gestapo durchsuchten nun hinter der Front die besetzten Gebiete gezielt nach – wie es hieß – „feindlichen und rassisch unerwünschten Elemen-

Niederschlagung des Aufstandes im Warschauer Getto

ten". Zwar fielen den Aktionen „planmäßig" auch zahlreiche nicht-jüdische Kriegsgefangene, Politiker und Intellektuelle in die Hände, die als politische Feinde kurzerhand hingerichtet wurden. Die meisten Opfer aber waren Juden. Sonderkommandos der Einsatzgruppen trieben sie in endlos langen Kolonnen aus ihren Heimatdörfern, später auch aus den Gettos der russischen Städte an spezielle, möglichst etwas abgelegene Orte. In solchen Sümpfen oder Schluchten mussten sich die Vertriebenen unabhängig von Alter oder Geschlecht entkleiden und an den Rand eines oft genug von ihnen selbst ausgehobenen Erdgrabens oder -lochs stellen; eine Gewehrsalve streckte sie nieder, ihre toten Körper fielen in die Grube. Einzelne Angehörige der deutschen Einheiten stiegen dann hinunter, wo die Leichen der Erschossenen dicht an dicht lagen. Sie suchten nach etwaigen Überlebenden des Massakers. Fand man einen Menschen, der von der ersten Salve nicht oder nicht tödlich getroffen worden war, wurde dieser mit einem gezielten Pistolenschuss oder einem Schlag mit dem Gewehrkolben ebenfalls ermordet. Danach stiegen die Mörder wieder aus dem Massengrab, an dessen Rand sich die nächste Kolonne jüdischer Kinder, Frauen und Männer zu stellen hatte, um dort auf den sicheren Tod zu warten.

Babi Yar

In der Schlucht von Babi Yar in der Nähe der Stadt Kiew wurden auf ähnliche Weise in nur zwei Tagen etwa 34.000 Menschen er-

Massenerschießungen

mordet. In Zehnerreihen mussten sie sich an den Rand der Schlucht stellen, zu der man sie getrieben hatte. Dann wurden sie niedergeschossen. An der Planung und Organisation der Aktion waren neben den obligatorischen SS-Kräften auch ranghohe Offiziere der Wehrmacht beteiligt. In Babi Yar starben bis 1943 wohl weit über 100.000 Menschen. Als die deutschen Truppen im Juli 1943 die Mordstätte verlassen mussten, versuchten sie, sämtliche Spuren für den hier von ihnen begangenen Massenmord zu verwischen. Tagelang ließ man die Häftlinge eines in der Nähe gelegenen Straflagers unter deutscher Aufsicht die Leichen der Ermordeten wieder ausgraben und verbrennen.

Die Wannseekonferenz

Innerhalb der nationalsozialistischen Führung war im Herbst 1941 die Entscheidung gefallen, die Juden Europas in den von der Wehrmacht besetzten Osten zu deportieren und dort systematisch zu ermorden. Am 18. Dezember 1941 befahl Hitler dem Reichsführer SS Himmler (1900–45), die europäischen Juden als Partisanen zu betrachten und auszurotten. Um diesen Massenmord zu organisieren, hatte der Chef des Himmler unterstellten SD, Reinhard Heydrich (1904–42), für den 20. Januar 1942 15 hohe Beamte der deutschen Zivilverwaltung sowie Vertreter der SS zu einer „Besprechung mit anschließendem Frühstück" in eine Villa am Berliner Wannsee geladen. Unter strengster Geheimhaltung erklärte er hier, dass er der Sonderbevollmächtigte der Reichsregierung für die Organisation der „Endlösung der Judenfrage" sei und dass man seitens der Reichsregierung nach dem Scheitern der „Auswanderungslösung" nun die Deportation und Ermordung angeordnet habe, die es jetzt und hier zu planen gelte. Hier wurde also nicht die systematische Vernichtung der europäischen Juden beschlossen – die Teilnehmer gehörten ja nicht zur Spitze der Staatsführung und hätten eine solche Entscheidung gar nicht fällen können. Stattdessen wurde genau besprochen, von wo wie viele Juden wann deportiert werden sollten und wo man sie schließlich umzubringen gedachte. Diese Planungsdiskussion protokollierte Adolf Eichmann (1906–62), der Leiter einer Sonderabteilung der Gestapo für „Judenangelegenheiten" war und als Heydrichs „Judenreferent" galt. Im Anschluss an die Wannseekonferenz sollte Eichmann selbst die Deportationen von Juden in die Vernichtungslager organisieren, leiten und überwachen. Sein Protokoll der Wannseekonferenz, das erhalten geblieben ist, dokumentiert den Plan der deutschen Reichsregierung und ihrer Verwaltung zur rationalisierten und systematischen Ermordung der europäischen Juden. Auf weiteren Konferenzen, die dann Eichmann leitete, wurden die genaueren Details zur Umsetzung dieses Plans ausgearbeitet.

Die Vernichtungslager

Bestandteil dieser Planungen war der Aufbau von Vernichtungslagern, in denen mit modernsten Methoden planmäßig insgesamt zehn Millionen Juden hätten umgebracht werden sollen. So entstanden im Osten Europas – zusätzlich zu den schon bestehenden Konzentrationslagern im Deutschen Reich – zahlreiche Zentren der Vernichtung und des Massenmords, so 1941 in Auschwitz-Birkenau und in Chelmno, 1942 in Treblinka in der Nähe Warschaus, in Majdanek, Sobibór und in Belzec bei Lublin sowie in Maly Trostinez in der Nähe der weißrussischen Metropole Minsk. Zu Hunderttausenden deportierte man Juden aus ganz Europa mit Eisenbahntransporten in diese Lager. Bei ihrer Ankunft vor Ort wurden sie noch am Gleis von einer Ärztekommission untersucht und je nach Grad ihrer Arbeitsfähigkeit in verschiedene Kategorien eingeteilt. Mediziner wie Prof. Dr. Carl Clauberg (1898–1957), Dr. Horst Schumann (1906–83) oder Dr. Josef Mengele (1911–79) entschieden mit einer schlichten Handbewegung über Leben und Tod der Deportierten. Denn wer als „arbeitsunfähig" eingestuft wurde – Alte, Kranke, Schwache, Schwangere, aber auch Mütter mit Kleinkindern – wurde ausgesondert und unmittelbar nach seiner Ankunft ermordet. In der Regel waren das rund 70 % aller dorthin Verschleppten.

Zwangsarbeit

Die Arbeitskraft der Arbeitsfähigen dagegen wurde rücksichtslos bis zu deren Tod ausgebeutet, selbstverständlich zum Vorteil der deutschen Industrie und Kriegswirtschaft. Die Arbeitsbedingungen freilich waren verheerend und viele Menschen starben an den Folgen der Unterversorgung bei gleichzeitiger übermäßiger Schwerstarbeit. Von den verantwortlichen deutschen Beamten wurde dieses System zynisch als „Vernichtung durch Arbeit" bezeichnet. Oswald Pohl (1892–1951), der Leiter des SS-Wirtschafts- und Verwaltungshauptamtes und damit der Hauptverantwortliche für die Umsetzung dieses barbarischen Programms, befahl in diesem Zusammenhang den Lagerkommandanten ausdrücklich, dass der Arbeitseinsatz der Internierten im wahrsten Sinne des Wortes erschöpfend sein müsse: Die Arbeitszeit dürfe – so Pohl – an keine Grenzen gebunden werden, Pausen zu Essenszwecken seien grundsätzlich verboten. Mitleid mit den Gefangenen galt den Angehörigen der wachhabenden SS-Totenkopfkommandos als Schwäche. Hinzu kam, dass die Wachmannschaften die Internierten willkürlich terrorisierten, schikanierten und misshandelten, um – wie es hieß – deren Willen zu brechen. Wer als Gefangener im Lager lebte, lebte daher in permanenter Todesangst. Fluchtversuche waren nur selten erfolgreich. In diesem Inferno aus Gewalt, Willkür, Angst, Zwangsarbeit und Unterernährung konnten nur die wenigsten Deportierten längere Zeit überleben. War ihre Arbeitskraft ausgezehrt, hatten sie aber weder Krankheit noch Hunger dahingerafft, so teilten sie schließlich das Schicksal derjenigen, die aufgrund ihrer körperlichen Disposition schon bei Ankunft im Lager als nicht arbeitsfähig aussortiert worden waren: Sie wurden ermordet.

Opfer im Lager Buchenwald

Die Ermordung der europäischen Juden

Da sich die täglichen Massenerschießungen selbst für das SS-Personal als zu belastend erwiesen, griffen die Verantwortlichen sehr bald eine tödliche Idee auf, die schon früh im Lager Chelmno erprobt worden war: Die Vergasung mit Autoabgasen. So wurden die jüdischen Gefangenen in den meisten Lagern unter dem Vorwand einer Entlausung in spezielle Kammern geschleust und eingesperrt, in die dann Abgase laufender Lkw geleitet wurden. Nach einem je nach Alter und Konstitution bis zu zwanzig Minuten dauernden qualvollen Todeskampf waren schließlich alle erstickt. Die Angehörigen der SS-Wachverbände schickten dann andere Gefangene in die Kammern, die den Toten die Goldzähne herausbrachen, sie nach versteckten Wertgegenständen durchsuchten, die Fingerringe abnahmen, den Frauenleichen die Haare abschnitten und schließlich die Toten zur Verbrennung in die entsprechenden Lagerkrematorien brachten.

Auschwitz

In den Gaskammern des Lagers Auschwitz nutzte man statt Autoabgasen erstmals systematisch die tödliche Wirkung des als Pflanzenschutzmittel von der Firma Degesch produzierten Zyklon B. Rudolf Höß (1900–47), der Lagerkommandant von Auschwitz, ordnete vermutlich erstmals im Herbst 1941 die Tötung von insgesamt 600 russischen Kriegsgefangenen und rund 300 anderen Häftlingen in abgedichteten Kellerräumen einer Baracke mit dem hochgiftigen Gas an. Die Verwendung von Zyklon B als Mordinstrument erwies sich dabei als „überaus effizient“, wie Höß schrieb, man benötigte nämlich nur vier Kilo des Mittels, um 1000 Menschen zu ermorden. Der Lagerkommandant ließ Auschwitz daraufhin systematisch für den betriebsmäßigen Massenmord mit dem Giftgas umbauen, Gaskammern errichten, Krematorien ausbauen. Später behauptete er, mit den Maßnahmen habe er nur den Vernichtungsapparat hygienisch verbessern wollen. Tatsächlich wurde Auschwitz aber das größte Vernichtungslager, insgesamt wurden 1,3 Millionen Menschen hierhin deportiert, 900.000 starben in den Gaskammern oder wurden erschossen, 200.000 starben an Entkräftung.

Tor zum Vernichtungslager Auschwitz

Eine Bilanz der Vernichtung

Insgesamt fielen etwa sechs Millionen Juden dem nationalsozialistischen Rassenwahn zum Opfer. Noch in ihrer Heimat oder auf dem Transport in die Lager starben knapp drei Millionen Menschen. In den Vernichtungslagern wurden 2,7 Millionen Juden aus sämtlichen von der Wehrmacht besetzten Gebieten umgebracht: aus den Beneluxstaaten, aus Skandinavien, aus dem Baltikum, aus Frankreich, aus den besetzten Balkanstaaten, selbstverständlich auch aus Deutschland, Österreich und der Tschechoslowakei sowie aus Italien und Ungarn. Die meisten jüdischen Opfer des nationalsozialistischen Rassenwahns aber kamen aus Polen und der UdSSR. Als die Rote Armee immer weiter in die ostpolnischen Gebiete vorrückte, begann man, die Lager zu evakuieren. Zweck dieser Maßnahme war selbstverständlich nicht der Schutz der Gefangenen, nicht umsonst bezeichnete man diese Evakuierungen auch als Todesmärsche, auf denen noch einmal Tausende der Verschleppten starben. Tatsächlich sollten diese vielmehr der Vertuschung der begangenen Barbarei dienen. Verbergen ließ sich der Holocaust

Todesmarsch von KZ-Häftlingen

Adolf Eichmann

Adolf Eichmann

Für eine aktive Beteiligung an den Kampfhandlungen des Ersten Weltkriegs ist der mit seinen Eltern nach Österreich ausgewanderte Adolf Eichmann (1906–62) zu jung. 1927 wird er Mitglied des deutsch-österreichischen Frontkämpferbundes, wo er erstmals führende Nationalsozialisten kennenlernt. Eichmann tritt 1932 in die NSDAP ein, siedelt von Österreich nach Deutschland um und wird Mitglied von SS und SD. Als Referent für Judenfragen plant er die Zwangsemigration der deutschen Juden. Mit Kriegsbeginn wird er zum wichtigsten mit der Deportation und Ermordung der jüdischen Bevölkerung befassten Beamten in der deutschen Bürokratie. Zum SS-Obersturmbannführer aufgestiegen, organisiert er Vertreibung und Massenmord, für den er später aber keine Verantwortung übernehmen will, weil er angeblich nur Befehle ausgeführt habe. Zunächst gelingt ihm aber nach dem Krieg die Flucht nach Argentinien, wo ihn 1960 der israelische Geheimdienst aufspürt. Eichmann wird nach Jerusalem entführt, wo man ihm den Prozess macht und zum Tode verurteilt; er wird bei Tel Aviv hingerichtet.

aber schon aufgrund seines monströsen Ausmaßes natürlich nicht.

Die Verfolgung von Sinti und Roma

Im Schatten des Massenmordes an den europäischen Juden trat lange Zeit der von den Nationalsozialisten initiierte, systematisch geplante und praktizierte Mord an den Sinti und Roma fast völlig in den Hintergrund. Dabei wurden die ursprünglich in Indien beheimateten Angehörigen dieser Volksgruppe schon früh als „Zigeuner" ausgegrenzt und als „fahrendes Diebesgesindel" stigmatisiert. Ähnlich wie bei Juden nutzte die nationalsozialistische Führung auch im Falle der Sinti und Roma bereits innerhalb der deutschen Bevölkerung vorhandene Vorurteile, verstärkte diese und deutete sie nach rassistischen Kriterien um. So mag es auch nicht verwundern, dass nahezu sämtliche gegen Juden gerichtete Gesetze wie etwa die *Nürnberger Rassegesetze* auch gegen Sinti und Roma angewendet wurden. 1936 wurde als Unterabteilung der Reichskriminalpolizei die sogenannte Reichszentrale zur Bekämpfung des Zigeunerunwesens geschaffen, die alle verfügbaren Personaldaten über Sinti und Roma sammelte. Mit dem fragwürdigen Instrumentarium rassistisch inspirierter Körpervermessungen wurden Menschen als „Voll-, Halb-, Viertel- und Achtelzigeuner“ klassifiziert, ihre Daten wurden gespeichert. Schon 1936 begann ihre systematische Verfolgung und Internierung. Im Zuge von Kampagnen wie *Berlin ohne Zigeuner* oder der Aktion *Arbeitsscheu Reich* wurden Tausende Sinti und Roma deportiert und in Konzentrations- und Arbeitslagern interniert, wo sie schließlich das gleiche Schicksal wie die Juden durchleiden mussten. Auch in den im Krieg von der Deutschen Wehrmacht eroberten Gebieten unterschieden die Besatzer kaum zwischen gefangenen und verschleppten Juden und „Zigeunern“ – sie alle erwartete letztlich leidvolles Dahinvegetieren unter unmenschlichsten Bedingungen bis zum sicheren Tod durch Erschießung, Misshandlung, Zwangsarbeit, Erschöpfung oder Vergasung.

Deportation

Ab dem 16. Dezember 1942 begann man auf Weisung des Reichsführers SS Heinrich Himmler (1900–45) auch die letzten noch in Deutschland oder den von Deutschen besetzten Gebieten verbliebenen Sinti und Roma systematisch nach Auschwitz zu deportieren. 23.000 Menschen wurden innerhalb der folgenden eineinhalb Jahre hierhin verschleppt, die meisten von ihnen starben an Hunger, Krankheiten, Gewalt und in der Folge der barbarischen Menschenexperimente, die der SS-Lagerarzt Dr. Josef Mengele (1911–79) an ihnen durchführte. Die letzten inhaftierten Sinti und Roma wurden im Sommer 1944 kurz vor der Schließung des Lagers in den Gaskammern ermordet. Insgesamt wurden während der nationalsozialistischen Herrschaft rund eine halbe Million europäischer Sinti und Roma umgebracht.

KZ-Häftling nach der Befreiung

Verfolgung Andersdenkender

Neben Juden, Sinti und Roma wurden auch die politischen Gegner des Nationalsozialismus Opfer von Repression, Internierung und Ermordung. Denn das Bestehen der nationalsozialistischen Diktatur gründete sich in erster Linie auf drei Elemente: Die breite Zustimmung innerhalb weiter Bevölkerungskreise, die politische Verführung noch nicht ganz Überzeugter und die radikale Intoleranz gegenüber Andersdenkenden. Gestützt wurde dieses Konzept auch von der Ideologie einer homogenen Volksgemeinschaft, in der alles Abweichende als „undeutsch" oder „volksfeindlich" bekämpft werden musste. In der Praxis wurde dies mit der Bespitzelung der eigenen Bevölkerung und einem immer radikaler werdenden Programm aus Druck, Bestrafung und Terror umgesetzt. Wer sich offen als politischer Gegner des nationalsozialistischen Staats bekannte, wer Mitglied entsprechender Parteien oder Organisationen war, wer sich bei systemfeindlichen Aktionen erwischen ließ, der wurde gefangen genommen, in Konzentrationslagern interniert, gefoltert, ermordet – und dies oft, ohne dass dabei die Justiz eingeschaltet wurde. Die Ausschaltung solcher Personen unterstand zunächst allein SD, SS und SA.

Seit April 1934 schließlich wurden Personen, denen man vorwarf, aktiv gegen Staat und Partei vorzugehen, vor den neu geschaffenen Volksgerichtshof gestellt und dort des Landes- oder des Hochverrats angeklagt. Die Schaffung dieses Organs ging vor allem auf die Enttäuschung der nationalsozialistischen Führung über den Reichsgerichtsprozess gegen die angeblichen Reichstagsbrandstifter zurück, in welchem zum Entsetzen besonders Hermann Görings (1893–1946) vier der fünf Angeklagten freigesprochen worden waren. Die Funktion des Volksgerichtshofs war es kaum, objektiv fassbares Recht zu sprechen, sondern – wie ein Zeitgenosse leise klagte – allein „die Gegner des Nationalsozialismus zu vernichten". Rund 5000 Todesurteile fällte dieses vermeintliche Justizorgan, dessen Führung 1942 der berüchtigte Roland Freisler (1893–1945) übernommen hatte.

Aktive und passive Gegner

Doch die Grenzen zwischen aktiven politischen Gegnern und solchen, die das System zwar ablehnten, aber nicht bekämpften, waren fließend. Von wem daher ruchbar wurde, dass er nicht auf Parteilinie war, wer das Regime im Geheimen kritisierte oder sich darüber lustig machte, wer sich gegenüber den Staats- und Parteiorganen nicht fügte, wer nicht in den nationalsozialistischen Organisationen mitarbeitete oder wer seine Kinder nicht in die HJ eintreten ließ, für den stellte das schon Ende 1934 erlassene *Heimtückegesetz* (eigentlich *Gesetz gegen heimtückische Angriffe auf Staat und Partei und zum Schutz der Parteiuniformen*) eine Fülle verschiedenster Bestrafungsmöglichkeiten bereit. Mit Kriegsbeginn wurden von der nationalsozialistischen Regierung unzählige neue Straftatbestände gesetzlich definiert: Gemäß der neuen Gesetze und Verordnungen machte sich nun schon strafbar, wer sich mit Kriegsgefangenen unterhielt, wer öffentlich seine Zweifel über den Ausgang des Krieges zum Ausdruck brachte, wer Witze über die nationalsozialistische Führung erzählte oder wer heimlich ausländische Rundfunksender

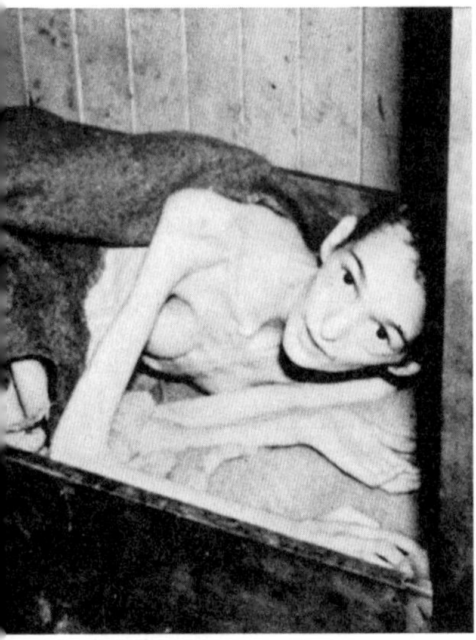

KZ-Häftling

hörte. Besonders gefährlich wurde es für diejenigen, die den Verfolgten – den Anhängern der Opposition, den Kriegsgefangenen, den Juden – halfen, indem sie sie mit Lebensmitteln oder mit falschen Papieren versorgten oder ihnen Unterschlupf gewährten. Das entsprechende Strafmaß konnte – je nach Vorgeschichte des Angeklagten – bis zum Todesurteil reichen.

Homosexuelle

Die Situation homosexueller Männer war schon vor der Machtergreifung nicht eben einfach gewesen. Noch in den späten Jahren der Weimarer Republik war es zu systematischen Polizeikampagnen gegen Schwule gekommen. Grundlage solcher Aktionen war der Paragraf 175 des Deutschen Strafgesetzbuches, der sexuelle Handlungen zwischen Personen männlichen Geschlechts als „Vergehen" definierte, das mit Gefängnishaft bis zu einem halben Jahr geahndet werden konnte. Nach 1933 verschärfte sich die Situation für Homosexuelle dann drastisch. Den Nationalsozialisten galt Homosexualität als „widernatürlich, dekadent, volksfeindlich und verjudet", wie es in einem Artikel im Hetzblatt *Der Stürmer* hieß. Dabei spielte es selbstverständlich keine Rolle, dass die homosexuelle Veranlagung einiger hoher Parteifunktionäre durchaus bekannt war. Das nationalsozialistische Programm bediente hier schlicht die Vorurteile ihrer kleinbürgerlichen Klientel; und so mag es auch kaum verwundern, dass 1935, im Jahr der Nürnberger Rassegesetze also, auch der Paragraf 175 deutlich verschärft wurde. Er betraf nun nicht mehr allein den Beischlaf, sondern grundsätzlich jede unzüchtige Handlung zwischen Männern, wenn dadurch – wie es hieß – „objektiv das allgemeine Schamgefühl verletzt" werde oder wenn die „wollüstige Absicht vorhanden war, die Sinneslust eines der beiden Männer oder eines Dritten zu erregen".

Kriminalisierung

Derartige Handlungen wurden jetzt nicht mehr als „Vergehen", sondern als „Verbrechen" verstanden, ein Sachverhalt, der sich vor allem auf die Härte der Bestrafung auswirkte. Denn nun konnte die maximale Höchststrafe bei Verstoß gegen den Paragrafen 175 auf fünf Jahre hochgesetzt werden. Jetzt wurden von der Reichszentrale zur Bekämpfung der Homosexualität und der Abtreibung allein zwischen 1937 und 1939 rund 100.000 Verdachtsfälle registriert. Zugleich stieg auch das Maß an Denunziation erheblich: Fast jedes zweite der jährlich rund 8000 Urteile gegen homosexuelle Männer ging auf Anzeigen aus dem weiteren Bekanntenkreis der Verurteilten zurück, die meist anonym bei der Gestapo erfolgt waren. Darüber hinaus aber konnten Homosexuelle nach der Verbüßung ihrer Haftstrafe jederzeit von der Kriminalpolizei oder Gestapo in Vorbeugehaft oder in Schutzhaft genommen werden. Gemäß einem offiziellen Erlass waren dann ab Sommer 1940 grundsätzlich „alle Homosexuellen, die mehr als einen Partner verführt haben, nach ihrer Entlassung aus dem Gefängnis in polizeiliche Vorbeugehaft zu nehmen". Offiziell sollte durch diese Maßnahme verhindert werden, dass die Verhafteten erneut straffällig wurden. Faktisch war dies aber der erste Schritt zu Deportation, Internierung und Ermordung. Denn der Ort solcher Schutz- oder Vorbeugehaft war das Konzentrationslager. Die homosexuellen Männer waren dort dadurch gekennzeichnet, dass sie auf der KZ-Kleidung ein aufgenähtes rosa oder grünes Dreieck tragen mussten. Somit waren sie sofort erkennbar und harten Repressalien seitens der Wachmannschaften ausgesetzt, die viele der Inhaftierten nicht überlebten: Die Todesrate unter den internierten Homosexuellen lag deutlich höher als bei den politischen Gefangenen. Manchen Homosexuellen, der die Lagerhölle überlebt hatte, erwartete im Übrigen auch nach dem Krieg die

Fortsetzung seiner Gefängnishaft, denn der Paragraf 175 blieb nahezu exakt so erhalten, wie er im Dritten Reich formuliert worden war, sowohl in der Bundesrepublik Deutschland wie in der DDR.

Massengrab

Euthanasie

Die Idee, zwischen „lebenswertem“ und „lebensunwertem“ Leben zu unterscheiden, ist charakteristisch für die menschenverachtende Ideologie der Nationalsozialisten: Die Versorgung behinderter oder unheilbar kranker Menschen galt ihnen als volksschädlich, gerade weil diese den Staat Geld kostete, für das er kaum Gegenleistungen erwarten konnte. So begann etwa ab 1939 die nationalsozialistische Propaganda gegen die, wie sie es nannte, „Verschleuderung von Volkseigentum“ zu wettern. Inoffiziell aber plante man bereits die „Rassenhygiene durch Vernichtung“, denn zeitgleich begann man in Berlin, den systematischen Mord an Behinderten zu planen und zu organisieren. Da dies allerdings der deutschen Bevölkerung nur schwer zu vermitteln war, musste die gesamte Aktion streng geheim vollzogen werden. Das Programm wurde zynisch als „Euthanasie“ (altgr. = schöner Tod) bezeichnet, ein Begriff, mit dem man vortäuschen wollte, dass es sich um eine Art humaner Sterbehilfe handele. Eine dreißigköpfige Ärztekommission erstellte Meldebögen zur Registrierung behinderter Neugeborener und wertete diese aus.

Ermordung und Vertuschung

Auf Grundlage dieser Bögen entschieden die Mediziner dann in Dreiergruppen darüber, ob ein Mensch aufgrund seiner Behinderung und der Beschränkung seiner Arbeitsfähigkeit ein „lebenswertes“ oder „lebensunwertes“ Leben führte. Auf dieser Grundlage wurden zwischen 1939 und 1945 etwa 5000 Babys und Kleinkinder ermordet. Schließlich dehnte man das „Euthanasieprogramm“ auch auf Erwachsene aus. Im Oktober 1939 lief die Aktion *T4* an, benannt nach dem Ort, an dem der bestialische Plan erdacht worden war, nämlich in der Berliner Tiergartenstraße 4. Behinderte wurden aus ihren Pflegeheimen mit Bussen in die speziellen „Heime“ deportiert, die in Hartheim, Pirna, Bernburg, Hadamar, Grafeneck und Brandenburg errichtet worden waren, und dort systematisch umgebracht. Allein bis Sommer 1941 wurden dort etwa 70.000 Behinderte in den Gaskammern der Lager oder durch die Injektion von Gift ermordet. Ihre Angehörigen erfuhren davon natürlich nichts. Den Vätern und Müttern der Ermordeten schrieb man vielmehr, dass ihre Kinder durch eine plötzliche Krankheit in der „Pflegeanstalt“ gestorben seien. Weitere Nachforschungen über deren tatsächlichen Tod wurden dadurch unmöglich gemacht, dass man die Leichen der Ermordeten unmittelbar nach dem Mord verbrannte. Als trotz aller Vertuschungsversuche die Wahrheit über das Schicksal der verschleppten Menschen nach und nach offenbar wurde, war die Empörung groß. Seitens der katholischen Kirche wurden die Tötungsaktionen einer breiteren Menge bekannt gemacht und öffentlich gebrandmarkt. Schließlich ließ Hitler die Umsetzung des „Euthanasieprogramms“ und damit die systematische Ermordung Behinderter offiziell stoppen. Inoffiziell ging das Morden aber weiter, bis Kriegsende fielen weitere 30.000 Menschen den Schergen der nationalsozialistischen Regierung zum Opfer. Viele der organisatorisch oder aktiv an den Mordaktionen Beteiligten wurden dann in den Vernichtungslagern in Polen und Weißrussland eingesetzt. Mit ihrem mörderischen Erfahrungsschatz trugen sie maßgeblich zur systematischen Ermordung der europäischen Juden bei.

Kriegsgefangene

Die Haager Landkriegsordnung, die 1907 in der niederländischen Hauptstadt von allen führenden Nationen unterzeichnet worden war, hatte die Rechte von Kriegsgefangenen genau festgelegt; sie verbot unter anderem deren Einsatz als Zwangsarbeiter. Eigentlich hätte diese Ordnung nun an allen Schauplätzen des Zweiten Weltkriegs zur Geltung kommen müssen, denn auch das Deutsche Reich hatte zu den Unterzeichnerstaaten gehört. Tatsächlich aber akzeptierte die nationalsozialistische Führung den besonderen Status vieler Kriegsgefangener nicht. So waren während des deutschen Überfalls auf Polen rund 400.000 polnische Soldaten in Gefangenschaft geraten. Sie könnten, so argumentierte die deutsche Regierung, aber nicht als reguläre

Kriegsgefangene angesehen werden, weil es ja den Staat Polen und damit auch die polnische Armee nun nicht mehr gäbe. Die Kriegsgefangenen wurden als bei Kriegshandlungen gefangene Zivilisten angesehen. Sie wurden ins Reich deportiert und mussten dort unter widrigsten Bedingungen in Industrie und Landwirtschaft Zwangsarbeit leisten. Wer nur in den Verdacht kam, ein Vergehen begangen zu haben, wurde sehr schnell in eines der zahlreichen Konzentrationslager verschleppt und dort umgebracht. Auch mit den im Krieg gegen Jugoslawien gefangen genommenen Serben verfuhr man ähnlich; gefangen genommene französische Soldaten wurden dagegen zur entlohnten Arbeit in Deutschland gezwungen.

Sowjetische Kriegsgefangene

Während das Deutsche Reich im Umgang mit kriegsgefangenen Niederländern, Belgiern, Norwegern und Griechen die Haager Ordnung weitgehend berücksichtigte, wurde diese während des Überfalls auf die UdSSR überhaupt nicht mehr beachtet. Im Gegenteil: Der Krieg war ja von vornherein als Vernichtungskrieg sowohl gegen den Bolschewismus wie auch gegen den – wie es hieß – „russischen Untermenschen" geplant gewesen und so gehörte der Tod der gefangenen Rotarmisten selbstverständlich ins deutsche Kalkül. Nicht allein, dass unzählige von ihnen von den Einsatzkommandos der SS erschossen wurden, auch die Bedingungen innerhalb der regulären Kriegsgefangenenlager waren unmenschlich: Die Menschen wurden in der offenen Landschaft mit Stacheldraht ohne Dach über dem Kopf eingepfercht, bewacht, blieben im Weiteren aber sich selbst überlassen.

Die Vergabe von Nahrungsmitteln fand ausgesprochen selten statt, tatsächlich gehörte der „Tod durch Hunger" durchaus in das gezielte Konzept des Vernichtungskrieges. So kam es, dass schon im Kriegswinter 1941/42 von den etwa 3,3 Millionen russischen Gefangenen etwa zwei Millionen verhungerten oder erfroren. In den kommenden Jahren starben nochmals Hunderttausende, viele von ihnen während der Zwangsarbeit in Deutschland. Nicht einmal die Hälfte der insgesamt 5,7 Millionen russischen Soldaten, die während des Zweiten Weltkrieges von der Wehrmacht gefangen genommen worden waren, überlebte die Gefangenschaft. Nach Kriegsende sollte sich dann bekanntlich die Rote Armee das deutsche Modell zum Vorbild nehmen und mit den gefangen genommenen Deutschen ähnlich verfahren.

Deutscher Widerstand gegen Hitler

Drei Namen sind es, mit denen die jugendliche Opposition gegen die nationalsozialistische Diktatur eng verbunden ist: Edelweißpiraten, Swingjugend und Weiße Rose. Die oppositionelle Triebkraft von Edelweißpiraten und Swingjugend war aber meist kaum politisch motiviert. Vielmehr ging es den diesen Gruppen angehörenden Jugendlichen darum, sich im engen, militarisierten nationalsozialistischen Alltag eigene Freiräume zu schaffen, was allerdings häufig genug zu teilweise gewalttätigen Auseinandersetzungen mit nationalsozialistischen Organen, vor allem mit der HJ, führte.

Sophie Scholl, Mitglied der Weißen Rose

Jugendliche Opposition

Mitglieder der Edelweißpiraten oder der Swingjugend unterschieden sich von der breiten Masse der fest in die nationalsozialistischen Organisationen integrierten Jugendlichen durch ihre auffällige Kleidung, eigene Grußformeln und Sprache oder besondere Abzeichen wie eben das Edelweiß, das den Edelweißpiraten ihren Namen gab. Der Name „Swingjugend" dagegen rührte von der Vorliebe der Jugendlichen für amerikanischen Jazz. Politischen Widerstand leisteten diese Jugendlichen dagegen nicht, jedenfalls nicht im Sinne von politischer Agitation und Aufklärung.

Die weiße Rose

Dies leisteten die Mitglieder der Weißen Rose, einem engen Münchner Kreis junger Studierender um die Geschwister Hans (1918–43) und Sophie Scholl (1921–43), Alexander Schmorell (1917–43), Christoph Probst (1919–43) und Willi Graf (1918–43) sowie Professor Kurt Huber (1893–1943). Zwischen Sommer 1942 und Januar 1943 versuchten sie, ihre Mitbürger in fünf Flugblättern zum Widerstand gegen das nationalsozialistische Regime und dessen barbarische Politik zu bewegen. Das sechste Flugblatt vom Februar 1943 rief zum „Aufbruch gegen die Verknechtung Europas durch den Nationalsozialismus“ auf. Es begann mit den Worten: „Erschüttert steht unser Volk vor dem Untergang der Männer von Stalingrad. Dreihundertdreißigtausend deutsche Männer hat die geniale Strategie des Weltkriegsgefreiten sinn- und verantwortungslos in Tod und Verderben gehetzt. Führer, wir danken dir!“ Beim Verteilen dieses Flugblattes im Lichthof der Münchner Universität wurden die Scholl-Geschwister am 18. Februar 1943 von einem Hausmeister beobachtet, denunziert und schließlich von der Gestapo verhaftet. Gemeinsam mit Christoph Probst wurden sie unmittelbar darauf vor dem Volksgerichtshof unter dessen berüchtigtem Präsidenten Roland Freisler (1893–1945) angeklagt. Am 22. Februar wurden sie zum Tode verurteilt und noch am selben Tag hingerichtet. In insgesamt sechs folgenden Prozessen wurden weitere Mitglieder der Weißen Rose zum Tode oder zu langen Haftstrafen verurteilt.

! Letzter Aufruf der Weißen Rose

Freiheit und Ehre! Zehn lange Jahre haben Hitler und seine Genossen die beiden herrlichen deutschen Worte bis zum Ekel ausgequetscht, abgedroschen, verdreht, wie es nur Dilettanten vermögen, die die höchsten Werte einer Nation vor die Säue werfen. Was ihnen Freiheit und Ehre gilt, das haben sie in zehn Jahren der Zerstörung aller materiellen und geistigen Freiheit, aller sittlichen Substanz im deutschen Volk genugsam gezeigt. Auch dem dümmsten Deutschen hat das furchtbare Blutbad die Augen geöffnet, das sie im Namen von Freiheit und Ehre der deutschen Nation in ganz Europa angerichtet haben und täglich neu anrichten. Der deutsche Name bleibt für immer geschändet, wenn nicht die deutsche Jugend endlich aufsteht, rächt und sühnt zugleich, ihre Peiniger zerschmettert und ein neues geistiges Europa aufrichtet. Studentinnen! Studenten! Auf uns sieht das deutsche Volk! Von uns erwartet es, wie 1813 die Brechung des Napoleonischen, so 1943 die Brechung des nationalsozialistischen Terrors aus der Macht des Geistes. Beresina und Stalingrad flammen im Osten auf, die Toten von Stalingrad beschwören uns!
„Frisch auf mein Volk, die Flammenzeichen rauchen!“
Unser Volk steht im Aufbruch gegen die Verknechtung Europas durch den Nationalsozialismus, im neuen gläubigen Durchbruch von Freiheit und Ehre.

Kirchlicher Widerstand

Unter den deutschen Katholiken fanden die Nationalsozialisten vergleichsweise wenige Anhänger, auch seitens offizieller Kirchenvertreter wurde die NSDAP vor und unmittelbar nach der sogenannten Machtergreifung scharf angegriffen. Die Stimmung schwankte kurzeitig nach dem Abschluss des Reichskonkordats mit dem Vatikan im Juli 1933, das die Existenz und Eigenständigkeit der katholischen Kirche in Deutschland garantierte. Doch als die Praxis zeigte, dass katholische Priester immer wieder Opfer nationalsozialistischer Kampagnen wurden, ging man wieder auf kritische Distanz. Zahlreiche katholische Geistliche flohen ins Ausland.

Unter den Protestanten war die nationalsozialistische Ideologie schon seit den 1920er-Jahren beliebter als bei den Katholiken. Nachdem mit den sogenannten Deutschen Christen eine sich selbst als nationalsozialistisch verstehende protestantische Organisation gegründet worden war, die zunehmend an Einfluss gewann, entstand im September 1933 der Pfarrernotbund. Von hier aus erging noch im selben Jahr ein flammender Aufruf zum Protest gegen den sich nun auch in der evangelischen Kirche breitmachenden Rassismus. Aus dem Pfarrernotbund, dem sich viele evangelische Pfarrer anschlossen, entstand im Laufe der Zeit die sogenannte Bekennende Kirche, die auf der Grundlage der Ideen Karl Barths (1886–1968), eines renommierten evangelischen Theologen, Anspruch, Praxis und Ideologie der nationalsozialistischen Herrschaft offen ablehnte. Viele ihrer Mitglieder wurden wegen der von ihnen vertretenen kritischen Haltung interniert, viele starben in Konzentrationslagern, unter ihnen so namhafte Theologen wie Dietrich Bonhoeffer (1906–45) oder der Berliner Dompropst Bernhard Lichtenberg (1875–1943).

Dietrich Bonhoeffer

Trotz dieser oppositionellen Tendenzen in katholischer und evangelischer Kirche, obgleich man sich von offizieller Seite gegen den rassistischen Massenmord wandte und obwohl viele Geistliche ihr Engagement während des Dritten Reichs mit dem Leben bezahlten, muss aber auch festgehalten werden, dass ein Großteil der sich zum Christentum bekennenden Deutschen die nationalsozialistische Barbarei zwar ablehnten, aber kaum offen dagegen auftraten. Beide Kirchen haben nach dem Krieg diese Schuld anerkannt und ihre Mitverantwortung für die von Deutschen begangenen Verbrechen erklärt.

Linker Widerstand

Schon 1933, im Jahr der „Machtergreifung", etablierten sich unter den in Deutschland verbliebenen Anhängern der politischen Linken informelle Gesprächskreise, zu denen auch Militärs und Mitarbeiter deutscher Ministerien und Botschaften gehörten und die allmählich untereinander ein eng verwobenes Netzwerk bildeten. 1940 gehörten diesem geheimen Verbund rund 150 Oppositionelle an. Die nationalsozialistische Führung wusste zwar durch deren Aktionen – Flugblätter, Wandbeschriftungen – von der Existenz einer solchen Widerstandsgruppe, konnte dieser aber nicht habhaft werden. Weil sie einen größeren, auch internationalen kommunistischen Zusammenhang vermuteten, nannten die Nationalsozialisten diese Bewegung Rote Kapelle. Mit der Ausweitung des Krieges 1940 begannen die Kreise um den Ministerialbeamten im Wirtschaftsministerium Jurist Arvid Harnack (1901–42) und den Oberleutnant im Luftwaffenführungsstab Harro Schulze-Boysen (1909–42) auch Kontakte zum sowjetischen Nachrichtendienst aufzubauen. Ziel war es, die UdSSR mit militärischen Informationen zu versorgen, um so ein baldiges Ende sowohl des Krieges wie auch der nationalsozialistischen Diktatur herbeizuführen. Doch die Kommunikation zwischen Deutschen und Sowjets verlief schleppend und wurde von der deutschen Spionageabwehr massiv bedroht. Als die Regierung der UdSSR im Sommer beschloss, die Kontakte zu den deutschen Gruppen auszubauen, war dies der Anfang vom Ende der Roten Kapelle. Denn es gelang der deutschen Spionageabwehr einen Moskauer Funkspruch, mit dem die weitere Zusammenarbeit zwischen deutschem Widerstand und sowjetischer Militärführung koordiniert werden sollte, abzufangen und zu dechiffrieren. Daraufhin konnten schnell die ersten Mitglieder des Widerstands enttarnt und festgenommen werden. Unter Folter fielen weitere Namen und am Ende wurden 126 Angehörige der Roten Kapelle verhaftet. Einige von ihnen wurden ohne Prozess in Konzentrationslager verschleppt und ermordet, andere, wie das Ehepaar Schulze-Boysen, Arvid Harnack und das Ehepaar Hans (1916–42) und Hilde Coppi (1909–43), vor Gericht gestellt, zum Tode verurteilt und hingerichtet.

Widerstand in den Reihen der Wehrmacht

Noch vor Beginn des Zweiten Weltkriegs hatte sich innerhalb der Wehrmacht ein oppositioneller Kreis um Generaloberst Ludwig Beck (1880–1944) zusammengeschlossen, um einen Putsch gegen Hitler zu organisieren. Doch die außenpolitischen Erfolge der unmittelbaren Vorkriegszeit und die darauf beruhende ungeheure Beliebtheit Hitlers in der deutschen Bevölkerung ließen die Militärs wieder Abstand von ihren Plänen nehmen. Zu gering erschien ihnen die Hoffnung auf ein Gelingen ihres Putsches. Ein Jahr nach Kriegsbeginn begann dann eine Gruppe um den Pazifisten Helmuth James Graf von Moltke (1907–45) mit der Planung des Neuaufbaus des deutschen Staates. Um die Pläne dieses später als Kreisauer Kreis bezeichneten Zirkels umsetzen zu können, musste aber zunächst einmal die nationalsozialistische Diktatur beseitigt werden. Hier hofften die Männer um Moltke auf einen erfolgreichen Staatsstreich seitens der Wehrmacht. Zu diesem Zweck wurden Kontakte zu ranghohen Militärs wie auch zum inzwischen zurückgetretenen Generaloberst Beck geknüpft, und spätestens seit 1942 war dann auch Oberst Claus Graf Schenk

Claus Schenk Graf von Stauffenberg

von Stauffenberg (1907–44) an den Plänen beteiligt. Angesichts der Kriegsverbrechen an der Ostfront, angesichts von Massenmord und fehlerhafter militärischer Führung war Stauffenberg schließlich trotz vieler Bedenken dazu bereit, die Beseitigung Hitlers durch ein Attentat persönlich zu übernehmen. Doch der von ihm am 20. Juli 1944 im ostpreußischen Führerhauptquartier Wolfsschanze gelegten Bombe fielen zwar einige Teilnehmer einer Lagebesprechung zum Opfer, Hitler selbst aber überlebte den Anschlag leicht verletzt. Der Putsch wurde aufgedeckt und viele der Verschwörer, darunter auch Stauffenberg und Beck, wurden noch in der Nacht vom 20. auf den 21. Juli standrechtlich erschossen.

Ausblicke

Erst der Selbstmord Hitlers am 30. April 1945 und die deutsche Kapitulation am 8. Mai 1945 bedeuteten das Ende des Dritten Reichs und damit das Ende der nationalsozialistischen Terrorherrschaft. Obgleich diese nur zwölf Jahre gewährt hatte, waren die Folgen für Deutschland, Europa und die Welt erheblich. Das Territorium des ehemaligen Deutschen Reichs wurde von den alliierten Siegermächten besetzt und in Besatzungszonen aufgeteilt. Im von der Roten Armee besetzten Osten Deutschlands entstand 1949 die sozialistische Deutsche Demokratische Republik, in den übrigen drei Besatzungszonen die westlich orientierte Bundesrepublik Deutschland. Für die kommenden 40 Jahre blieb Deutschland ein geteilter Staat mit der strengstens bewachten deutsch-deutschen Grenze. Sie war zugleich auch die Grenze zwischen zwei Blöcken, wie die Einflusssphären der beiden Supermächte USA und UdSSR genannt wurden. Der „Eiserne Vorhang", wie der britische Premierminister Winston Churchill (1874–1965) es ausdrückte, teilte die Welt. Diese Zweiteilung in einen am US-amerikanischen Modell orientierten Block und den kommunistischen Ostblock, die sich feindlich und waffenstarrend gegenüberstanden, sollte rund 40 Jahre das Weltgeschehen mitbestimmen. Viele jüdische Überlebende des Holocaust zogen es vor, nach den bitteren Erfahrungen, die sie hatten machen müssen, nicht in ihre deutsche Heimat zurückzukehren. Stattdessen gründeten sie 1948 in Palästina den jüdischen Staat Israel, der ihnen Schutz und Heimat sein sollte. Die Staatsgründung, die somit als eine unmittelbare Konsequenz des nationalsozialistischen Terrors verstanden werden muss, ging allerdings mit der Vertreibung der muslimischen Palästinenser einher. Die damit zusammenhängenden Probleme sind auch rund 60 Jahre später nicht gelöst und führen zu immer wieder aufflackernden Krisen und Kriegen im Nahen Osten.

Die Anklagebank im Nürnberger Prozess

Register